基于产教融合视角的应用型本科院校基层教学组织运行模式研究

JIYU CHANJIAO RONGHE SHIJIAO DE YINGYONGXING BENKE YUANXIAO
JICENG JIAOXUE ZUZHI YUNXING MOSHI YANJIU

李 昂◎著

中国纺织出版社有限公司

图书在版编目（CIP）数据

基于产教融合视角的应用型本科院校基层教学组织运行模式研究 / 李昂著. -- 北京：中国纺织出版社有限公司, 2025.7. -- ISBN 978-7-5229-2324-6

Ⅰ. G649.21

中国国家版本馆 CIP 数据核字第 20255BS562 号

责任编辑：金　鑫　闫　婷　　责任校对：王蕙莹
责任印制：王艳丽

中国纺织出版社有限公司出版发行
地址：北京市朝阳区百子湾东里 A407 号楼　邮政编码：100124
销售电话：010—67004422　传真：010—87155801
http://www.c-textilep.com
中国纺织出版社天猫旗舰店
官方微博 http://weibo.com/2119887771
北京虎彩文化传播有限公司印刷　各地新华书店经销
2025 年 7 月第 1 版第 1 次印刷
开本：710×1000　1/16　印张：11.5
字数：188 千字　定价：98.00 元

凡购本书，如有缺页、倒页、脱页，由本社图书营销中心调换

吉林省社会科学基金项目成果
第三空间视角下应用型高校基层教学组织的
合作文化构建研究（2022B141）

前　言

在新时代教育强国战略全面推进的背景下，我国高等教育正经历从规模扩张向内涵式发展的深刻转型。应用型本科院校作为高等教育体系的重要组成部分，其高质量发展不仅关乎自身定位的精准落地，更承载着为国家经济社会发展输送高素质应用型人才的时代使命。在这一进程中，基层教学组织作为高校教学体系的"神经末梢"与质量保障的"最后一公里"，其建设成效直接影响着人才培养的质量与高等教育现代化的推进速度。由此，深入探究应用型本科院校基层教学组织建设路径，已然成为教育领域亟待破解的重要课题。

基层教学组织是高校实现依法治校、完善内部治理体系、推动高等教育现代化的重要基石。在产教融合战略持续深化的当下，传统基层教学组织运行模式已难以满足应用型人才培养需求。构建产业人员深度参与的基层教学组织教研机制，创新产教融合型基层教学组织运行模式，成为破局关键。随着产教融合实践的不断深入，产业人员参与基层教学组织教研活动的目标设定、沟通机制、动力激发及保障体系等方面逐步完善，基层教学组织对内部权利配置与价值实现的诉求也日益凸显。在此背景下，产业人员深度融入基层教学组织，不仅为高校教师与行业专家搭建了直接对话的桥梁，更能助力高校精准把握行业前沿动态，探索出契合时代需求的基层教学组织运行范式，最终实现应用型本科人才培养质量的全面提升。以产教融合为核心的基层教学组织运行模式，既是深化产教协同育人的关键路径，更是应用型本科院校实现质量与效益双提升的必然选择。

本书以实践共同体理论为研究逻辑起点，系统剖析应用型本科院校基层教学组织建设现状与问题，深入挖掘其运行模式的独特属性与优化策略。通过构建产教融合型基层教学组织理论框架，对基层教学组织内涵进行全面解构，并在此基础上探索创新运行模式，旨在为基层教学组织建设提供可借鉴的实践经验，进一步丰富应用型本科院校基层教学组织效能研究案例库，为相关政策制度的制定提供坚实的理论与实践支撑。同时，本书致力于通过模式创新，总结基层教学组织运行规律，探索运行新机制，为推动应用型本科院校内涵式发展注入内生动力，助力高等教育高质量发展目标的实现。

著者

2025 年 7 月

目 录

第一章 绪论 … 1
  一、研究背景 … 1
    （一）理论背景 … 1
    （二）现实背景 … 3
  二、研究问题 … 3
  三、研究意义 … 4
    （一）理论意义 … 4
    （二）实践意义 … 5
  四、概念界定 … 5
    （一）应用型本科院校 … 6
    （二）基层教学组织 … 7
    （三）产教融合 … 8
    （四）运行模式 … 10

第二章 文献综述 … 12
  一、关于产教融合的相关研究 … 13
    （一）国内外产教融合研究热点及趋势分析 … 13
    （二）产教融合的内涵与特征的研究 … 18
    （三）产教融合视域下应用型本科院校的相关研究 … 20
    （四）简评 … 23
  二、关于基层教学组织的相关研究 … 24
    （一）国内基层教学组织的相关研究 … 24

（二）国外基层教学组织的相关研究 ………………………………… 27
　　（三）关于基层教学组织运行模式的相关研究 …………………… 28
　　（四）简评 …………………………………………………………… 36
三、研究述评 ……………………………………………………………… 37
　　（一）已有研究的梳理 ……………………………………………… 37
　　（二）已有研究的贡献与不足 ……………………………………… 38

第三章　研究设计 ………………………………………………………… 40
一、理论基础 ……………………………………………………………… 40
　　（一）协同理论 ……………………………………………………… 40
　　（二）实践共同体理论 ……………………………………………… 41
　　（三）新制度理论 …………………………………………………… 43
二、分析框架 ……………………………………………………………… 46
　　（一）研究理论框架 ………………………………………………… 46
　　（二）研究技术路线 ………………………………………………… 47
三、研究对象 ……………………………………………………………… 48
　　（一）案例院校的选取 ……………………………………………… 48
　　（二）研究对象的选取 ……………………………………………… 50
　　（三）质性研究部分的研究对象 …………………………………… 50
　　（四）量化研究部分的研究对象 …………………………………… 53
四、研究方法 ……………………………………………………………… 54
　　（一）研究范式 ……………………………………………………… 54
　　（二）收集资料的方法 ……………………………………………… 55
　　（三）资料分析的方法 ……………………………………………… 59
五、研究伦理 ……………………………………………………………… 60
　　（一）自愿不隐蔽原则 ……………………………………………… 61
　　（二）尊重个人隐私和保密原则 …………………………………… 61
　　（三）公正合理原则 ………………………………………………… 61
　　（四）公平回报原则 ………………………………………………… 61

第四章 产教融合基层教学组织运行现状的调查分析 …… 62
一、调查设计与实施 …… 62
（一）调查目的 …… 62
（二）调查过程 …… 63
（三）调查工具 …… 63
二、调查结果分析 …… 70
（一）共同目标的现状分析 …… 70
（二）沟通方式的现状分析 …… 73
（三）参与动力的现状分析 …… 74
（四）保障条件的现状分析 …… 75
三、调查结果与讨论 …… 76
（一）共同目标与沟通方式不协同：产教融合基层教学组织制度缺失 …… 76
（二）内外部参与动力不足：产教融合基层教学组织激励政策缺位 …… 79
（三）顶层设计与保障机制不全：产教融合基层教学组织保障体系缺失 …… 81
四、本章小结 …… 88

第五章 产教融合基层教学组织运行模式的案例分析 …… 89
一、案例研究设计 …… 89
（一）案例研究目标 …… 89
（二）案例研究抽样 …… 90
（三）案例资料收集 …… 91
二、案例资料分析 …… 92
（一）课程教学类基层教学组织运行模式——案例 A …… 94
（二）教学改革类基层教学组织运行模式——案例 B …… 102
（三）专业建设类基层教学组织运行模式——案例 C …… 108
三、案例比较的结果与讨论 …… 113
（一）基于共同目标和合作效果的案例比较 …… 114

（二）基于参与动力与制度支持的案例比较 ………………… 115
　　（三）基于案例研究的经验 ………………………………… 115
四、本章小结 ……………………………………………………… 116

第六章　产教融合基层教学组织运行的影响因素分析 ………… 117
一、基层教学组织运行影响因素的分析框架 …………………… 117
　　（一）影响因素的构成分析 ………………………………… 117
　　（二）影响因素的理论框架 ………………………………… 118
二、基层教学组织运行的障碍：基于制度层面的分析 ………… 123
　　（一）规制性要素的影响 …………………………………… 123
　　（二）规范性要素的影响 …………………………………… 124
　　（三）文化认知要素的影响 ………………………………… 125
三、基层教学组织运行的障碍：基于组织层面的分析 ………… 126
　　（一）基层教学组织沟通方式 ……………………………… 126
　　（二）基层教学组织激励政策 ……………………………… 127
　　（三）基层教学组织保障条件 ……………………………… 128
四、基层教学组织运行的障碍：基于个体层面的分析 ………… 132
　　（一）个人参与意愿不同 …………………………………… 132
　　（二）个人参与方式差异 …………………………………… 134
　　（三）个人适应能力不同 …………………………………… 134
五、本章小结 ……………………………………………………… 135

第七章　产教融合基层教学组织运行模式优化策略 …………… 136
一、产教融合基层教学组织运行模式的共同目标优化 ………… 136
　　（一）构建基层教学组织建设体系 ………………………… 137
　　（二）创建多主体协同的有效沟通方式 …………………… 137
　　（三）建立共享资源 ………………………………………… 138
　　（四）构建四维三阶增值性评价体系 ……………………… 139
二、产教融合基层教学组织运行模式的动力机制优化 ………… 139

（一）教育行政部门搭建多元主体间求同存异的交往合作方式 …… 139
　　（二）地方政府职能转变，提升服务能力 …………………………… 141
　　（三）转变产业观念，建立产教融合共同体 ………………………… 145
　　（四）应用型本科院校去"行政化"的基层教学组织运行模式
　　　　　改革 ………………………………………………………………… 146
　三、产教融合基层教学组织运行模式的保障体系优化 ………………… 148
　　（一）建立多主体协同参与的制度保障体系 ………………………… 148
　　（二）创新四维三阶的增值性评价体系 ……………………………… 149
　　（三）构建全覆盖、全过程和全方位的质量保障体系 ……………… 150
　四、本章小结 ………………………………………………………………… 151

第八章　研究结论 ……………………………………………………………… 152
　一、共同目标、沟通方式、参与动力和保障条件是产教融合基层教学
　　　组织运行模式的构成要素 ………………………………………… 152
　二、产教融合基层教学组织运行的现实困境是沟通方式单一、参与动力
　　　不足和保障条件不全 ……………………………………………… 152
　三、专业建设类、教学改革类和课程教学类基层教学组织运行模式，参与
　　　主体不同、共同目标各异，导致运行效果差异 ………………… 152
　四、产教融合基层教学组织运行受制度环境、组织因素和个体因素的
　　　影响 ………………………………………………………………… 153
　五、产教融合基层教学组织运行模式应当从共同目标、参与动力和制度
　　　保障三个方面进行优化 …………………………………………… 153

参考文献 …………………………………………………………………………… 154

第一章 绪论

应用型本科院校在促进区域经济社会发展中发挥着非常重要作用。从 2015 年国家颁布《关于引导部分地方普通本科高校向应用型转变的指导意见》开始，地方本科院校走上了应用型人才特色化发展道路。文件指出，应用型本科院校应顺应地方经济社会新形势走产教融合发展之路，这对应用型本科院校来说是一次全新的契机和挑战。应用型本科院校基层教学组织及行业企业人员如何在教研活动中突破诸多困境，以实现基层教学组织的高效运转，是本研究拟解决的关键问题。本章分析了以产教融合为背景的应用型本科院校基层教学组织的发展现状及实践情况，同时提出了本研究的研究问题，并明确了研究应用型本科院校基层教学组织的理论意义与实践意义，探讨了产教融合视域下应用型本科院校基层教学组织的核心概念。

一、研究背景

（一）理论背景

1. 应用型本科院校是服务区域社会发展的重要主体

2018 年 6 月，全国高校本科教育工作会议中指出，高教大计本科为本，一定要把本科教育放在人才培养的核心地位，一定要把本科教育放在教育教学的基础地位，一定要把本科教育放在教育发展的前沿地位。2018 年 10 月，《教育部关于加快建设高水平本科教育全面提高人才培养能力的意见》（教高〔2018〕2 号）中指出，因校制宜，建立健全多种形式的基层教学组织，广泛开展教育教学研究活动，提高教师现代信息技术与教育教学深度融合的能力。《教育部关于深化本科教育教学改革全面提高人才培养质量的意见》（教高〔2019〕6 号）中提出，要加强基层教学组织建设。教育部原部长陈宝生指出，要重视教师教学能力的提升，发挥教研组的重要作用，积极开展教学研究。教育部原副部长林蕙青也强调了教研室对于提高教师教学能力的重要作用。可以看出，对基层教学组织建设的研究进一步深化是与当前国家政策方向相一致的，这具有极其重要的现实意义。

2. 基层教学组织建设是高等教育高质量发展的基础条件

高校教研室作为新中国成立初期借鉴苏联高等教育模式而建立起来的基层组织，对我国高等学校基层教学和研究工作具有十分重要的促进作用。近年来，随着政府对高等学校教学的日益关注，越来越多的学者建议对高校教研室进行重新构建，从而能够促进高等院校教师教学研究水平的提高，并恢复过去高校为了提高专业教学能力所进行的集体性交流。对此，应用型本科院校在师资建设中应该注重教师的实践经历，注重与企业部门合作，弥补师资队伍实践经历短缺的问题。高校教师实践能力对推进应用型本科院校转型发展具有关键性意义。没有实践能力过硬的教师队伍，转型发展就不可能有实质性效果。尽管众多的高等职业教育机构都强调了"双师型"教师团队的建设的重要性，但实际效果仍然不尽如人意。当今，地方本科院校要向应用技术方向转型，同样需要具有一支丰富实践经验的教师队伍。

3. 产教融合是应用型本科院校办学模式创新的实施路径

2017 年，国务院办公厅发布了《关于深化产教融合的若干意见》，其中明确指出产教融合应被视为推动经济与社会和谐发展的核心策略，它应被整合到经济的转型和升级的每一个环节中，并在人才培养的整个过程中起到关键作用。此外，产教融合的终极目标是逐渐增强行业企业在办学中的参与度，完善多样化的办学模式，并全方位地实施学校与企业的合作教育模式。2018年，习近平总书记在全国教育大会上提出，坚持党对教育事业的全面领导，坚持把立德树人作为根本任务，坚持优先发展教育事业，坚持社会主义办学方向，坚持扎根中国大地办教育，坚持以人民为中心发展教育，坚持深化教育改革创新，坚持把服务中华民族伟大复兴作为教育的重要使命，坚持把教师队伍建设作为基础工作。中共中央、国务院《关于全面深化新时代教师队伍建设改革的意见》提出，要对师范院校加大支持力度。实施教师教育振兴行动计划，建立以师范院校为主体、高水平非师范院校参与的中国特色师范教育体系，推进地方政府、高等学校、中小学"三位一体"协同育人。所以，高等学校在提升人才培养质量这一环节上的着力点是推进基层教学组织建设，这也正是学者对于基层教学组织问题所展开的主要研究范畴。在此基础上，围绕基层教学组织建设进行深入研究，在提升高校人才培养质量，支撑高校深化教育教学改革等方面，具有现实意义和紧迫需求。

（二）现实背景

1. 基层教学组织是促进产教融合发展的重要路径

基层教学组织作为高等学校的基本单元，是学校实现依法治校、内部制度管理以及推进高等教育现代化的重要支撑。首先，学校需要通过产业人员参与开展基层教学组织教研活动，构建产教融合基层教学组织运行模式。随着产教融合的进一步深化，产业人员参与基层教学组织教研活动目标、沟通方式、参与动力和保障条件的逐步深入，基层教学组织对自身在组织内部的权利需求和价值实现有了更多的关注。目前，中国高等教育已从规模扩张到内涵式发展逐步过渡，深化教育教学改革、提高义务教育整体质量已成为中国教育的主要目标。产业人员加入基层教学组织活动可以让高校教师和产业人员直接交谈，帮助高校全面了解行业发展状况，探索出一条适应时代需要的基层教学组织运行模式，最终达到培养应用型本科人才的目的。因此，以产教融合为核心的基层教学组织运行模式，不仅是促进产教融合发展的重要路径，更是应用型本科院校质量提升与效益提升的内在要求。

2. 基层教学组织建设是我国应用型本科院校从事教学管理的重要内容

近几年来，推动我国高等教育建设发展成为国家政策关注的要点，应用型本科院校高质量发展是其中的关键。在应用型本科院校提高教学质量的发展过程中，基层教学组织是一个重要载体，基层教学组织的建设与运行情况理应引起国家教育行政部门的关注。在此情况下，对高等学校基层教学组织建设进行研究十分必要。本研究以应用型本科院校T学院为例，以实践共同体理论为逻辑起点，探究如何在全面考虑高等学校自身特点与基层教学组织建设存在问题的基础之上，探索应用型本科院校基层教学组织运行模式的特点和优化策略，既是新时代我国高等教育不断发展的现实需求，也是应用型本科院校实现高质量内涵发展的需要。

二、研究问题

本研究旨在破解产教融合视域下应用型本科院校基层教学组织运行的困境，探索产教融合基层教学组织的有效运行模式，以此来提升应用型本科院校基层教学组织效能。本研究围绕"产教融合视域下基层教学组织运行模式的影响因素及优化策略"展开，具体包括以下三个研究问题。

（1）在产教融合视域下，应用型本科院校基层教学组织的运行现状如何，运行过程中存在什么样的问题？产教融合基层教学组织有哪几种类型？不同类型的产教融合基层教学组织的共同目标、沟通方式、参与动力和保障条件如何？

（2）影响产教融合基层教学组织有效运行的主要因素有哪些？这些因素是如何影响应用型本科院校基层教学组织有效运行的？

（3）应当如何优化产教融合基层教学组织运行模式？从制度层面、组织层面和个体层面如何提出推进产教融合基层教学组织有效运行的发展策略。

三、研究意义

本研究将以产教融合为出发点，以应用型本科院校基层教学组织运行中存在教师缺乏行业实践、参与动力不足等现象作为现实背景，以协同理论、实践共同体理论和新制度理论为主线展开分析，在厘清应用型本科院校基层教学组织运行内涵要素的基础上，剖析产教融合视域下应用型本科院校基层教学组织运行的困境，从案例分析中汲取有益经验，从而得出产教融合视域下应用型本科院校基层教学组织运行的影响因素及优化路径。本研究的理论意义和实践意义如下。

（一）理论意义

有助于丰富应用型本科院校基层教学组织理论体系。培育与当地经济和社会进步相匹配的应用型人才，不只是应用型本科院校的核心职责，也是高等教育大众化发展进程中受到广泛关注的一个课题。学者们对高等教育大众化问题的理论讨论中包含着大量应用型高等教育理论的研究内容。然而，从目前应用型本科院校的理论研究看，主要是从宏观层面分析了应用型人才的地位和模式问题，而对微观层面的关注相对较少。特别是在地方高校转型发展以来，对于应用型本科院校基层教学组织建设的探索和实践，缺乏实证研究和理论探索。应该说，目前关于应用型本科院校基层教学组织运行模式的相关研究，在宏观理论视角和微观实践视角之间出现了某种断裂。本研究主要从组织制度的相关角度，对应用型本科院校基层教学组织的运行模式进行探索。本研究所开展的相关研究，旨在搭建理论研究和实践探索的桥梁，从理论上总结基层教学组织建设相关内涵，丰富有关基层教学组织与应用型本科院校转型发展的理论体系相关知识。

（二）实践意义

基层教学组织是高等学校教学组织体系当中最基本的单位，是培养教师队伍、学科专业建设、教育教学研究及其他教学活动的主要承担者。应用型本科院校作为中国高等教育体系中非常重要的组成部分，为建设高等教育强国、实现我国高等教育高质量发展，以及促进高等教育普及化进程都起到了非常重要的作用。应用型本科院校基层教学组织的有效运行，涉及应用型人才的培训品质、组织内部的治理结构、教师的职业成长以及为社会提供服务的能力。因此，对应用型本科院校基层教学组织运行模式问题的关注，不仅需要从理论层面进行讨论，更需要从实践层面进行改革和推进。对于国家的高等教育体系、应用型本科院校的成长以及经济和社会的进步，这都具有深远的实践意义。

一方面，本研究利用实践共同体理论建构产教融合基层教学组织，细致深入地描述基层教学组织的内涵，并逐步探索出产教融合基层教学组织运行模式，有助于为基层教学组织运行提供启示。同时，进一步丰富应用型本科院校基层教学组织效能研究的实践案例库，为制定基层教学组织相关政策制度提供理论和实践支撑。通过应用型本科院校基层教学组织模式的创新，归结基层教学组织运行模式的实际运作规律和特点，并逐步探索出基层教学组织运行的新模式、新机制，这具有内生驱动的教育价值。另一方面，本研究通过分析产教融合基层教学组织运行模式的现状与问题，提出了一系列的优化策略，期望为政府决策部门制定与产业链和教育链融合的相关政策提供合理的建议。这些建议基于国家战略的政策逻辑，具有显著的外部政策价值。此外，本研究对从事基层教学组织建设的经验进行反思和总结，深化对产教融合应用型本科院校合作的认知，强化学界对产教融合基层教学组织的理解和认识，有助于服务研究者参与基层教学组织活动。

四、概念界定

概念作为构建理论的基本材料，有其特定的内涵，通常在研究中发挥以下作用：①作为同行交流的基础，引入一种观察的视角；②一种看待客观外部世界的方式；③作为一种分类和一种总结的方法。关于概念界定的方式，美国著名教育哲学家谢弗勒在其著的《教育的语言》中提出了三种定义陈述方式：①规定性定义，指作者自己创制的定义，即规定某一词语所代表的意义，要求被界说的术语在同一著作中始终被视为这种规定的含义；②描述性定义，指对被界说对象或使用该术语的方法进行适当描述；③纲领性定义，它会明确地或隐含地告诉我们"事物应该怎样"，是一种有关定义对象应该是什么的定义。

为了保证本研究能够在逻辑与语境上保持一致，本部分有必要对本研究中论及的一些核心概念进行明确界定。从本研究的主题"产教融合视域下应用型本科院校基层教学组织运行模式"来看，本研究中最为核心的概念是"基层教学组织"，与之相关的几个概念分别是"产教融合""应用型本科院校""运行模式"等。依据谢弗勒的观点，本研究在对核心概念界定时采用规定性定义与纲领性定义相结合的方式，不仅关注概念本身的应然状态，更强调概念在实际研究过程中的特有意义。

（一）应用型本科院校

推动地方性本科院校走向应用化发展，是中国中央政府和国务院的关键策略布局，同时也是教育行业人力资源供应策略的重要环节。这类以应用为主的本科院校，成为高等教育应用型人才的主要培养基地和关键技术人才孵化的主力军。

应用型本科院校主要是以应用型本科教育为主要特色的高等教育机构简称，它是本科教育体系中的一个关键组成部分，与普通本科和专科院校相比，仍然存在显著的差异。应用型的本科教育应当建立在坚实的理论基石之上，并通过增强大学生的学习技巧来培育他们的社会实践技能。应用型本科教育机构应该将焦点集中在"应用"方面，无论是在教学管理还是大学生的顶岗实习中，都应该以培养应用型技能为中心。只有当学生在掌握了理论知识，加强了社会实践活动，提升了他们在社会中的适应能力和竞争力之后，才能为他们奠定坚实的职业基础，全面提升他们的综合素质，并因其出色的应用技巧赢得社会的广泛赞誉。

从高校分类角度来看，依据不同的人才培养类型，潘懋元指出，高等学校分为三种类型：①第一类是综合性研究型大学，即以培养学术型创新人才为目标，以基础学科和应用学科（专业）为主，研究高深学问，培养拔尖创新的研究人才；②第二类是专业性应用型的多科性或单科性的大学或学院，即以培养某一领域的专业人才为目标，以各行各业有关的应用学科（专业）为主，学习研究专门知识，培养应用型高级专门人才，将高新科技转化为生产力（包括管理能力、服务能力）；③第三类是职业性技能型高等院校（高职高专），以培养生产和服务第一线具体工作的职业技能人才为目标，以各行各业实用性职业技术专业为主，培养在生产、管理、服务第一线从事具体工作的技术人才。陈厚丰提出，依据高等学校履行社会职能的情况及其产出比例，从纵向上，我国的高等学校划分为研究型、教学研究型、教学型和应用型四类；研究型高校全面履行人才培养、科学研究和社会服务三大职能，负责培养"拔尖创新人才"，主要授予博士和硕士学位；教学研究型高校主要履行人才培养和科学研究两项职能，培养"高级专门人才"和少量"拔尖创新人才"，主要授予硕士学位和学士学位；教学型高校主要履行人才培养和教育教学研究职能，培养"高级专门人才"，主要授予学士学位和少量专业硕士学位；应用型本科院校主要履行应用型、技能型人才培养职能，主要授予专科文凭、职业资格证书和部分本科文凭。

显然，应用型本科院校是高等教育分类中的第二种类型，推动社会进步发展的应用型创新人才培养，需要应用型本科院校来实施。准确地说，应用型本科院校与重点本科院校和职业院校在培养人才的目标上存在明显的不同，同时在应用型本科院校的基层教学组织建设目标上，它们的定位也各不相同。应用型本科院校与研究型高校、应用研究型高校的发展特点不同，应用型本科院校比较倾向产教融合，研究型高校比较倾向学术人才培养，应用研究型是在产教融合和学术人才培养之间；应用型本科院校主要以产教融合为办学方式，主要任务是服务区域经济社会发展，培养应用型人才，比较注重应用技术转化、开发和运用，以问题导向和社会需求为定位，注重培养实践动手能力强、专业基础扎实的高素质创新型应用型人才。

综上所述，根据学术界对应用型本科院校的归纳和定义，结合本研究的视角和研究问题，本研究将应用型本科院校定义为产业与学科专业需求紧密对接，以培养具有一定理论基础、较强实践能力和创新转化能力的应用型人才为核心任务的地方公办本科高校。

（二）基层教学组织

伯顿·克拉克认为，高等教育中更佳的端点是基层。高等学校基层教学组织作为学校开展教育教学活动的最基本单元，是否能够有效运行直接关系到高等学校教育教学质量的水平。朱国仁认为，大学的教学功能是其他功能的原始点和基础，阐明了基层教学组织在高校高质量发展中的特殊地位和意义。基层教学组织作为完成教学任务最基本的单元，作为教师与学生学习教学问题、交流经验、改革方法、进行协同教研的学习共同体，是提高教育教学质量，促进教师专业发展，推动应用型人才培养模式创新，深化教学改革等工作的基本组织单元与组织保障。

当前学界对于基层教学组织的界定与理解尚未达成一致，我国许多学者把基层教学组织定位于教研室，把基层教学组织视为按照学科分类、专业目录或者课程设置进行教学研究。例如，陆国栋认为，高校基层教学组织是落实教学任务、促进教师教学发展、组织开展学术研究、承担群体性教学活动的最基本教学单位。就其特点而言，基层教学组织是学校系统中的机构，既具有机构的内在特点，又具有与高校相联系的独特性质：具有核心目标，基层教学组织成员具有同质性，基层教学组织实践有创新性。基层教学组织主要以教研室、研究所、学系、学科组织和课程组等组成形式。

综上所述，结合学术界对基层教学组织的概念进行概括与界定，本研究将基层教学组织定位为以产业人员参与协同教研为基础，以应用型课程建设、教学研究改革以及专业建设为主线，以提升应用型人才培养质量为目标，促进教师实践能力培养，推动人才培养模式创新，不断深化教学改革为目的的产教融合型基层教学组织。

（三）产教融合

"产教融合"自产生以来具备丰富的内涵。从词源学来看，"产"即"产业"，是指"行业所组成的业态总称，也泛指一切生产物质产品和提供劳务活动的集合性组织"；"教"即指"教育"，是指为满足社会各行各业的用人需求，产业对人才素质提出的专业化要求而产生的独立部门。"融合"指的是两种或多种不同事物合成一体，在融合过程中产生新事物，发生了质的变化。从宏观层面上看，"产教融合"是指产业（行业、企业）与教育（主要是学校教育）的融合，主要涉及产业发展与教育发展的协调性问题；从微观层面上看，"产教融合"是指生产与教学的融合，主要涉及生产过程与教学过程的对接。产教融合的具体内容包括专业与产业对接、学校与企业对接、课程内容与职业标准对接、教学过程与生产过程对接。产教融合是指教育系统和产业系统组成的有机整合体；另有学者从资源理论的角度对其定义，认为产教融合是基于学校和企业双方的资源优势，如企业可以给高校的学生提供实践实训基地，学校通过引进企业的技术资源，利用学院自己建立的仿真实验室进行产品生产，让学生获得真实的工作体验，双方通过沟通交流制订学习生产计划，使双方的优势资源能够随时随地得到共享，最终达到双赢的目标；产教融合是一种跟教育与产业都不同的特殊的组织形式，其主要的载体是职业教育，参与的主体呈现出多元化趋势，涉及职业院校、行业企业、政府、服务机构、中介机构等群体。

目前国内对产教融合的定义没有完全统一的说法，学术界主要持有以下两种观点：第一种主要是以孔宝根和刘春生教授等为代表的观点，认为产教融合等同于校企合作。2015年以前，关于产教融合的相关研究中，大多数学者的观点是，校企合作和产教融合是同等关系。孔宝根认为，产教融合就是产和学的融合，主要包括以下两点，第一是培养方式的融合，即教学过程和实际生产过程的融合；第二是培养内容的融合，也就是教学内容和实际生产所需的技术技能的融合。第二种观点认为，产教融合不仅是产业和教育的简单合作关系，更是从宏观和微观两个层面对教育和产业的有机融合。如罗汝珍将产教融合和产教结合做了区分，两者有很大的不同，融合是指几种不同事物合在一起。在市场经济下的产教融合是将"产、学、研"融合为一体的人才培养模式，除了具备校企合作的各种功能外，还拥有能够应对市场变化和竞争的能力，是一种除了学校和企业参与外，行业、政府以及其他相关部门共同参与的新的社会组织形式。杨善江把产教融合具体化为依托院校和行业企业的各种资源和优势，其核心是协同育人，为达到合作共赢目的，各方主体将自身的资源优势以高度融合的一种教育方式。产教融合是指产业界和教育界之间的合作与交流，并共同确定课程教学目标、教学内容、教学方法和考核方式等，参与培养人才的过程。通过产教协同，产业界能够更好地了解教育界的需求，为教育界提供实际的工作经验和职业技能培训；教育界则可以更好地了解产业界的需求，为产业界培养符合实际需求的专业人才。

综上，结合已有研究，本研究认为，产教融合基层教学组织是指以地方经济发展需求为导向，吸纳产业（政府、企业或中小学校）人员参与合作开展的教学研究活动，通过合作开展课程开发、实践教学、课题研究等活动，促进高校、行业、企业和中小学协同发展。

（四）运行模式

"模式"是当今社会当中使用比较多的词汇。"模式"在《现代汉语词典》中的定义是"某种事物的标准形式或使人可以照着做的标准样式"。我国学者郭咸纲认为，模式是由一些局部的形式在发展中按照一定的价值观和标准，对其内在规律性的系统揭示和整合。冯之浚等认为，模式是指某种事物的标准形式或使人可以照着做的标准样式。模式可以被建立和被检验，并且如果需要的话，还可以根据探究进行重建。它们与理论有关，可从理论中派生，但从概念上说，它们又不同于理论。查有梁认为，模式是一种重要的科学操作与科学思维的方法。它是为解决特定的问题，在一定的抽象、简化、假设条件下，再现原型客体的某种本质特性；它是作为中介，从而更好地认识和改造原型客体、构建新型客体的一种科学方法。从实践出发，经概括、归纳、综合，可以提出各种模式，模式一经被证实，即有可能形成理论；也可以从理论出发，经类比、演绎、分析，提出各种模式，从而促进实践发展。

"运行"在《现代汉语词典（汉英双语）》的释义为"（组织、机构）等进行工作；开展活动"。运行一般指事物不断往复的运动过程，在这种运动中，事物不断发展。因此，研究者经常以某种简单的方式即模式来描述事物的运行状态。

"运行模式"指的是"可以被别人借鉴的，能够让组织自主运行的标准样式，包括特征、互动圈、牢固与松散结合和有效的领导"。王志彦指出，运行模式是对不断发生变革的组织进行简约化描述的方式，它源自现实，但是不等同于现实；它包括了发展目标、规划的确定，组织变革所遵循的规则，组织内部权力配置及其可能遇到的推动变革的动力或妨碍变革的阻力等内容。王生指出，运行模式分为构建质量目标体系、执行质量控制体系、打造质量评价改进体系以及健全质量支持体系四个方面。潘海生指出，运行模式包括政府部门的有效参与、专门化运行机构的成立、多样化人才培养途径的开辟、系统化运行机制的建立。多年来国内学者关于高校战略联盟运行模式的研究，所考量的维度可以概括为以下几方面：一是联盟成员属性；二是联盟成员的实力和影响力；三是联盟成员分布的地理空间；四是合作目标和方向；五是合作形式；六是合作内容领域；七是合作程度；八是合作驱动力；九是联盟治理结构；十是联盟成员对资源的需求程度。郭为禄指出，可以从构成和规模、使命和职责、运行机制以及当前存在的问题和挑战四个方面来阐述运行模式。

结合"模式""运行""运行模式"的相关概念，本研究认为，产教融合视域下应用型本科院校基层教学组织运行模式是指：在我国应用型本科院校的基层教学组织中，为了培养能够满足产业需求的应用型人才，基层教学组织进行教研活动，并邀请产业（如行业、企业等）的人员参与，进行一系列有组织的、制度化的教研活动。具体而言，基层教学组织运行模式主要由共同目标、沟通方式、参与动力和保障条件四个方面构成。

2021年教育部高等教育司关于开展虚拟教研室试点建设工作的通知中指出，对新型基层教学组织从建设内容方面划分为：课程教学类、教学改革类和专业建设类三种类型。本研究根据教育部文件精神，初步提出三种基层教学组织运行模式，即课程教学类运行模式、教学改革类运行模式和专业建设类运行模式，这项分类将在案例研究中进行深化。第一类，课程教学类的校—企运行模式是指通过行业人员参与基层教学组织活动，开展应用型课程建设，包括课程教学目标等；第二类，教学改革类的校—校运行模式是指行业人员参与基层教学组织活动，开展教学改革研究；第三类，专业建设类的校—政—企模式是指行业人员参与基层教学组织活动，开展专业建设，包括专业人才培养目标、人才培养方案、毕业要求和课程体系设置等。将本研究中的三类运行模式归纳如表1.1所示。

表1.1 基层教学组织运行模式及内涵要点

类型	课程教学类运行模式	教学改革类运行模式	专业建设类运行模式
参与主体	高校教师、企业人员	学院管理人员、高校专任教师、中学教师	学院管理人员、专业负责人、高校教师、教研员、小学教师
交流内容	课程教学大纲	教学模式改革、教学方法改革和考核方式改革	专业人才培养方案、专业人才培养目标、专业毕业要求和专业课程体系
运行模式	校—企模式	校—校模式	校—政—企模式

第二章 文献综述

文献综述是论文研究的理论基石和立题前提，也是进行学术对话和发现新研究课题的关键过程。文献综述的意义主要体现在两个方面：一是确定研究起点，通过已有研究文献之学术洞见，为自己的研究提供知识基础与理论养分；二是划定研究边界，在"横看成岭侧成峰"的研究论点、研究路径中找到研究共识，进而在前人关注较少或存在认识误区的问题方面，发掘出本研究的关注重心或者问题域。

推动地方性本科院校走向应用化发展，是中国中央政府和国务院的关键策略布局，同时也是教育行业人力资源供应策略的重要环节。这类以应用为主的本科院校，应成为应用型人才的主要培养基地和关键技术人才孵化的主力军。另外，他们在技术应用和创新领域，应成为源头的引领者，以及所处行业或地区技术创新系统的核心构成部分，成为产业链、创新链、人才链整合发展的重要构成环节。近几年来，部分地方本科院校已经对自身进行应用型定位，并进行了相关的理论和实践研究，取得了明显的进展，并在其教育教学实践中得到了应用。为落实应用型本科院校与产业合作，还需要重视应用型本科院校建设的落地和操作化问题，例如基层教学组织在其中扮演的作用。通过中国知网检索"应用型人才培养""基层教学组织"等关键词，发现自20世纪50年代以来，学界对"应用型人才培养"的研究不断攀升，并在2016年达到一个峰值；对"基层教学组织"的研究从1992年呈现逐渐递增的趋势，并在2017年达到顶峰，2022年趋于平缓，但仍然为研究热点。由此可见应用型本科院校在改革政策和学术研究中都是一项热点问题，也是改革持续关注的重点问题。本节围绕应用型本科院校基层教学组织运行模式这一主题开展研究，从应用型本科院校基层教学组织等方面进行梳理分析，并对代表性观点和文献进行述评。

一、关于产教融合的相关研究

产教融合是应用型本科院校提升人才培养质量的根本保障，产教融合一般理解为高校教师与产业界专业人员协同授课和指导实践，如果应用型本科院校能够吸纳产业界专业人员参与教研与培养全过程，那会在很大程度上推进产教融合深化。应用型本科院校基层教学组织，以产教融合为核心，目标是依托于地方经济发展的产业行业，通过政府、高等教育机构及产业行业的合作共建，实现与产业行业运营链条的紧密衔接，并在人才的培养、课程的开发、实践教学以及教师专业发展等方面发挥其功能。探讨如何改进其教研组织的方式与效果，将会对其带来深远影响。

（一）国内外产教融合研究热点及趋势分析

1. 国内外产教融合研究发文变化趋势

本研究采用美国费城德雷克塞尔大学陈超美博士所开发的基于JAVA平台的知识图谱工具软件CiteSpace（版本为6.1.R6），来对文献进行分析。针对国内发表文献统计时，国内文献主要是以中国知网的"核心期刊"和"CSSCI期刊"检索数据作为文献来源，检索时间为2023年9月29日，以"产教融合"为篇名进行高级检索，检索文献年份跨度为2012—2023年，通过浏览文献相关信息：关键词、题目、摘要等，对初始文献进行筛选，不相符的无效文献进行剔除，并通过CiteSpace可视化分析软件除重处理，得到1128篇有效中文文献，其年度发文趋势分布如图2.1所示。

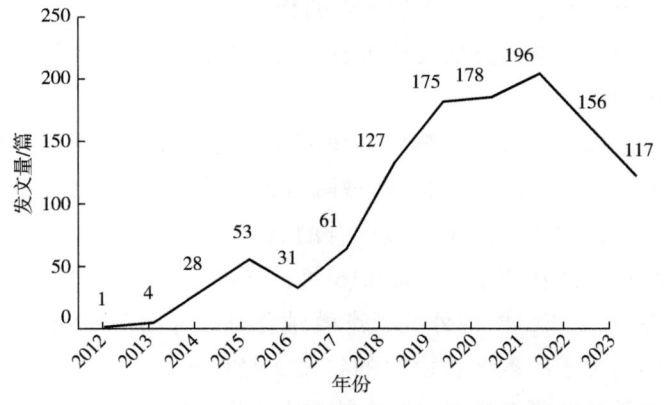

图 2.1　2012 — 2023 年国内产教融合研究发文量年度分布变化图

由图 2.1 可以看出，产教融合的相关研究最早出现于 2012 年，十年以来关于产教融合的研究呈现波动状态，其中 2021 年达到顶峰，发文量达 196 篇，之后开始回落。可以看出，自 2017 年出台加强产教融合建设的意见之后，发文量开始上升。

针对国外关于产教融合发表文献统计，以 Web of Science（WOS）资源库中 SSCI 的数据作为文献检索数据，检索日期为 2023 年 9 月 29 日，文献类型选择"Article"，索引来源设定为 SSCI（Social Science Citation Index），检索以"Industry University Integration"为主题，文献语种选定为"English"，不选择年度，对初步筛选结果进行复查去除无明显相关文献数据，最后通过 CiteSpace 可视化软件除重处理，得到 369 篇有效英文文献，其年度分布如图 2.2 所示。

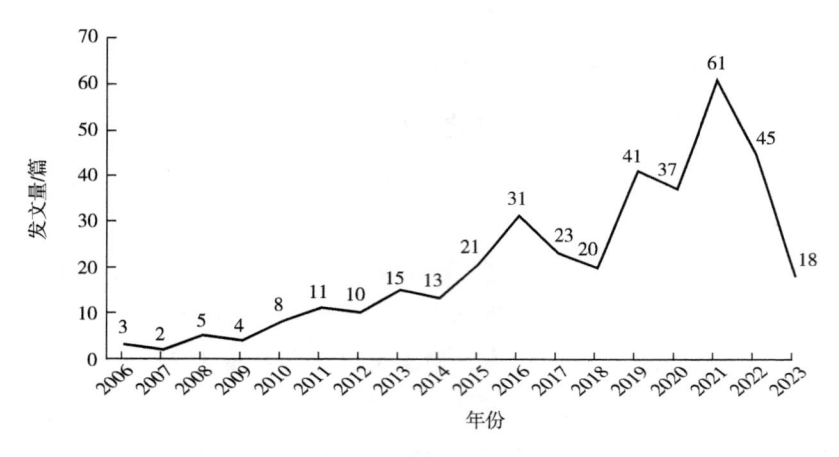

图 2.2　2012－2023 年国内产教融合研究发文量年度分布变化图

由图 2.2 可以看出，国外产教融合的相关研究最早出现于 2006 年，二十年以来关于产教融合的研究呈波动状态，其中 2021 年达到顶峰，发文量达 61 篇，之后开始回落。

综上所述，国内外关于产教融合研究年度分布变化图可知，国外产教融合研究发文自 2006 年开始，国内产教融合发文则是从 2012 年开始。通过年度发文可以看出，国内外关于产教融合的研究发文数量，从整体来看均出现逐年上升的趋势，并在 2015 年和 2016 年，国内外关于产教融合研究都出现了波动，且在 2021 年，国内外关于产教融合研究都出现了明显的下降趋势。截至目前，国内关于产教融合研究的年发文趋势显著高于国外发表情况，可以看出，在产教融合研究领域，国内的本土化研究数量比较多。

2. 国内外产教融合研究关键词聚类分析

研究论文的焦点往往集中在关键词上，而频繁出现的关键词通常标志着该学科的热门研究主题。运用 CiteSpace 软件对 2021—2023 年国内产教融合研究文献中的关键词进行分析（表 2.1），从表中可以看出国内对产教融合的研究关键词。表 2.1 的数据显示，在众多文献里，被提及频次最高的前 10 个核心主题分别是产教融合、职业教育、校企合作、应用型高校、人才培养、协同育人、人才培养模式、高校和产业学院。对国外产教融合研究文献中的关键词进行分析（表 2.2），从表中可以看出国外对产教融合的研究关键词，提到频次最高的前 10 个核心主题分别为 university-industry collaboration、innovation、performance、knowledge、knowledge transfer、technology transfer、research and development、impact、science 和 technology。关键词的中介中心性，表示的是每一个关键词分别与其他关键词的关联强度，中介中心性指数越高表明其与其他关键词的连接性越强。这些常见的关键词，反映了研究者们的关注重点。

表 2.1　2012—2023 年国内产教融合研究文献中出现频次最高的关键词

频次	初始年份	中介中心性	关键词
1083	1990	1.27	产教融合
410	2015	0.55	职业教育
149	2014	0.44	校企合作
81	2014	0.64	应用型高校
57	2013	0.57	人才培养
33	2014	0.42	协同育人
30	2019	0.23	人才培养模式
27	1990	0.58	高校
16	2015	0.31	产业学院

表 2.2　2006—2023 年国外产教融合研究文献中出现频次最高的关键词

频次	初始年份	中介中心性	关键词
264	2006	0.01	university-industry collaboration
119	2007	0.31	innovation

续表

频次	初始年份	中介中心性	关键词
85	2008	0.06	performance
83	2009	0.12	knowledge
78	2008	0.06	knowledge transfer
74	2009	0.08	technology transfer
68	2009	0.12	research and development
68	2010	0.09	impact
66	2007	0.16	science
49	2007	0.23	technology

从 Web of Science 导出的英文文献、CNKI 数据库中的核心期刊和 CSSCI 期刊导出的中文文献，数据经过筛选后进行可视化分析文献引文，包括作者、年份、关键词等信息，并根据 CiteSpace 知识图谱软件的格式要求对下载引文格式进行转换。然后，通过 CiteSpace 知识图谱软件提取引文数据，并对引文关键词进行可视化分析，可得到产教融合研究的关键词聚类，如图 2.3 和图 2.4 所示。

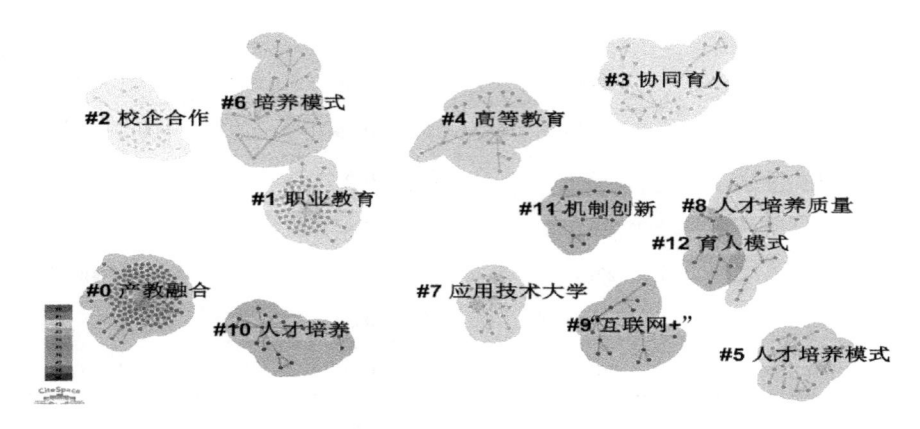

图 2.3　2012—2023 年国内产教融合研究关键词聚类图

经过分析关键词共现图谱，深入挖掘产教融合相关研究的热点，经过 CiteSpace 知识图谱处理后，得到国内产教融合研究关键词聚类图谱（图 2.3）。通过运算得到 10 个效果明显的关键词聚类，从图可以看出：#0 产教融合、#1 职业教育、#2 校企合作、#3 协同育人、#4 高等教育、#5 人才培养模式、#6 培养模式、#7 应用技术大学、#8 人才培养质量、#9 "互联网+"。

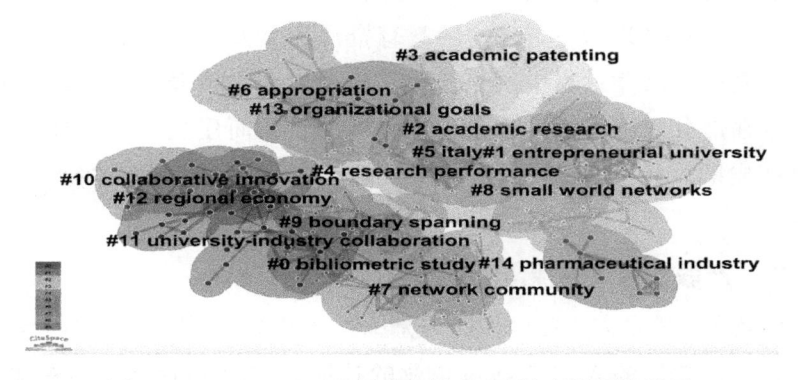

图 2.4　2006—2023 年国外产教融合研究关键词聚类图

经过分析关键词共现图谱，深入挖掘产教融合相关研究的热点，经过 CiteSpace 知识图谱处理后，得到国外教融合研究关键词聚类图谱（图 2.4）。通过运算得到 10 个效果明显的关键词聚类，从图可以看出：#0 bibliometric study、#1 entrepreneurial university、#2 academic research、#3 academic patenting、#4 innovat/thresearch performance、#5 italy、#6 appropriation、#7 network community、#8 small world networks、#9 boundary spanning。

Y. Austin Chang 研究发现，职业学校的自身状况对产教融合产生主导影响，具体如学校的课程设计、教职人员能力、学校的执行效率等都会对学校在获取和理解产教融合信息的过程中有所影响，从而对产教融合的执行力产生影响。Siegel & Waldman、Brodkey 主张企业在凝聚产业与教育方面扮演着关键角色。商业目标会影响公司与教育机构合作的意愿和热情。以短期利润为目标的企业会倾向于不积极地参与合作，如果教育机构与这类企业展开合作，可能会对学生的发展造成不利影响。李凤认为，应用型本科院校必须按照应用的理念设立各种多元开放以及实现内部资源共享的组织构架。由大学、政府、行业等一起组成这一构架，以打造协同联动的机制，也包括政府、各行业、公司等内外部敏感因素在内，应对重大议题和表现进行评估，以确保产教结合的持续性进展。叶飞帆指出，在产教融合过程中，教师只有具备强大的实践能力，深入理解行业的运行规则和遇到的问题，才能确保产教融合的顺畅推行。为了解决课程教育中理论与实践脱节的问题，需要让课堂教学与实地教学紧密相连，使理论与实践相互渗透，同时实现高等院校和行业双方对课程建设的共享。陈裕先指出，应用型本科院校在办学过程中应展现开放的理念，通过与各个行业，包括企业、其他教育机构以及研究机构等的深度合作，创建并共享一个开放的教育资源库。如此行动能够为行业提供深入参与到人才培养过程中的机会，一起探讨人才培养的方案，企业的员工也可以在部分课程与实践教学中出任教职，从而建立了"共建平台、资源共享和成果共享"的持续发展模式，推动本科教育向应用性质的目标和路径发展。

（二）产教融合的内涵与特征的研究

合作教育、学术创业和合作研究是国外产教融合研究的主要内容。对于发展中国家，学校的人才培训与企业的技能需求之间存在不匹配的问题。Alshehri 等指出，产教融合是院校人才培养、企业劳动力提升、技术成果转化、合作科学研究、推动创业实践的途径。产教融合的形式主要有企业为学校和研究机构提供项目资助，企业与学校共同开发项目，企业与学校人员交叉任职（兼职），学校专家接受企业咨询，企业引进和利用学校发明专利等。三种复杂的联系存在于教育的发展和社会的进步之间：教育与社会的整体发展模式的结合，职业学校与产业领域的相互的依赖性，以及职业学校与其自身发展之间的相互依存性。Whittle 等提出，要理解教育与产业融合的深刻含义，必须从教育与社会经济发展的协调，职业学校的组织结构和教学方法的"宏观—中观—微观"层次去理解。产教融合也表现为高等教育与产业领域之间的深层次的共享。这不仅可以提高学生的实践能力，丰富教育经验，还可以为产业界提供人才，提供知识支持。经济合作与发展组织（OECD）认为，尽管官方对产教融合的理解有所不同，但总的来说，产教融合主要是强调要在认可的职业领域里，对初级技能训练进行长期和系统性的规划。这些训练需要具备转移性和全面性。这也包括一个协定，其中包含所谓的学徒和他们的法定监护人，还可能涉及私人或公共雇主、训练委员会的工作人员或管理人员、各个行业机构、公共或半公共的培训机构，或者其他有组织的培训实体。可以看出，尽管国外对于产教融合的表述不尽一致，但是其内容也主要集中在人才培养、合作研究、科技成果转化等领域，强调多元主体（学校、产业或企业）的参与性和互动性，通过资源和要素的整合，实现产教融合目的。

自 20 世纪 70 年代起，美国、德国、英国和日本等先进国家已经开始在国家政府的层面上探讨大学与企业之间的合作方式，并制定了相应的政策来确保学校与企业之间的合作能够顺利推进。在此基础上，许多发展中国家也纷纷制定并实施了促进校企合作的政策法规，从而形成了各具特色的校企合作模式。随着国家政府对学校与企业合作的持续推动，这种合作模式已经吸引了国际学术界的广泛关注，并有越来越多的学者开始对这一合作模式进行深入的理论和实证分析。

1992年，我国政府启动的"产学研联合开发工程"被公认为是学校与企业合作探索的一个重要里程碑。随着我国政府在产业、高等教育机构和科研单位之间的合作日益加强，学术界对"产学研"领域的研究热情也随之高涨，并且这一趋势至今仍在持续。樊霞等人采用了共词分析方法等对我国的产学研究中的焦点问题及其发展方向进行了深入探讨，结果发现国内"产学研"的研究处于成长发展阶段，研究对象以产学研实践基础较好的理工类、综合类高校为主。

校企合作作为产学研合作中一种特殊的合作方式，已成为企业外部资源获取的重要方式；与此同时，校企合作对于高校在人才培养、科学研究以及社会服务等方面也产生了一定的作用。Sherwood等普遍认为，高等教育机构和企业在资源配置上存在互补关系，它们的合作有望实现双方的共赢。

大学在知识储备、高新技术研发、技术人才和实验设备等多个方面都拥有显著的优势，企业不仅拥有相对充裕的资本储备，还具备丰富的产品生产和市场商业化经验。因此，校企合作是实现产学研结合的有效方式之一，但目前对这一问题的研究尚不成熟，尤其缺乏从理论上探讨如何促进校企合作发展的系统论述。Perkmann和Walsh从开放创新的角度探讨了学校与企业之间的合作模式，他们持有的观点是，随着跨组织网络关系的建立，组织对外部创新资源的依赖日益增强。因此，从开放式创新视角对校企合作进行深入研究，有助于揭示企业间互动过程中产生的规律及机制，这为我国的企业在进行自主创新时提供了宝贵的参照。现阶段，学校与企业之间的合作研究主要聚焦于三大关键领域：合作的驱动因素、合作的具体模式以及各种可能影响校企合作的因素。在其中，学校与企业之间合作的驱动力构成了校企合作研究的关键基石和前置条件。哪些因素推动了高等教育机构与企业之间的合作，这一直是学校与企业合作中备受关注的核心议题之一。目前关于高校与企业之间是否存在"互惠"或"不互惠"关系的争论也比较多。从组织层面来看，高等教育机构和企业是学校与企业合作的两个主要参与方。因此，本项研究从高等教育机构与企业之间的合作意愿以及企业与企业之间的合作意愿这两个维度出发，对相关学术文献进行了深入的梳理和解析。

推动高等教育机构与企业参与学校与企业合作的各种因素一直是校企合作研究领域的关注焦点之一。高等教育机构与企业构成了组织层面上学校与企业合作的两大主体，因此，本研究从高校参与校企合作的动机和企业参与校企合作的动机两个维度出发，对相关文献进行了详细的梳理。

（三）产教融合视域下应用型本科院校的相关研究

伴随应用型本科转型在国家政策中的发展，应用型本科转型相关研究应运而生，并将应用型本科某一特点作为关注重点进行分类和评价研究。现有研究中大多为关于应用型本科的地位之争、学科专业的架构之争和应用型本科办学实体之争，研究基本局限在"是什么"的层次，还缺乏对"为什么"的理论分析，研究中提到了分类评价，建立适合应用型本科的院校评价理念，但缺乏相关实证研究和理论研究。国外关于应用型本科的研究没有对应的概念，相类似的研究为关于非大学学院、多科技术学院和应用科技大学方面的研究。这些研究以非大学高等院校中的科学研究定位、学生来源、新的学习方式、以工学结合为特色的课程组合等为研究主题。

国内学者的比较研究也基本以这类院校为研究对象。从国内外研究的成果来看，应用型本科产生的背景基本一致，外力冲击主要包括经济科技、高等教育大众化等因素，是在经济科技发展到一定阶段，对高等教育提出新的需求，需要打破原有结构进行重组的背景下产生的，不同的经济和科技发展阶段产生了不同内涵的应用型本科。

本研究综述针对应用型本科转型中认知模糊和评价体系缺失问题，梳理了1992—2020年的国内应用型本科研究，一是对应用型本科的概念辨析、办学特征、内涵建设以及人才培养模式和相关理论探讨等研究进行分析；二是对近几年提出的应用型本科转型的概念、路径以及内涵研究进行分析；三是对国内分类评价和院校评价研究进行分析。

1. 应用型本科院校的研究热点分析

在本次研究中，我们选择了CNKI数据库作为数据来源，并使用了"应用型本科院校""应用型大学""应用型高校""应用型本科高校"和"应用型本科大学"这几个关键词进行了详细的检索。检索的时间范围是从1999—2023年，主要的检索期刊为核心期刊和CSSCI，而检索的具体日期是 2023 年 9 月 30 日。总共，我们检索到了 1310 篇相关论文。所使用的软件工具是由美国费城德雷克塞尔大学的陈超美博士开发的，该软件是一个基于 JAVA 平台的知识图谱工具软件 CiteSpace，其版本为 6.1.R6。文献可视化分析结果如图 2.5 所示。

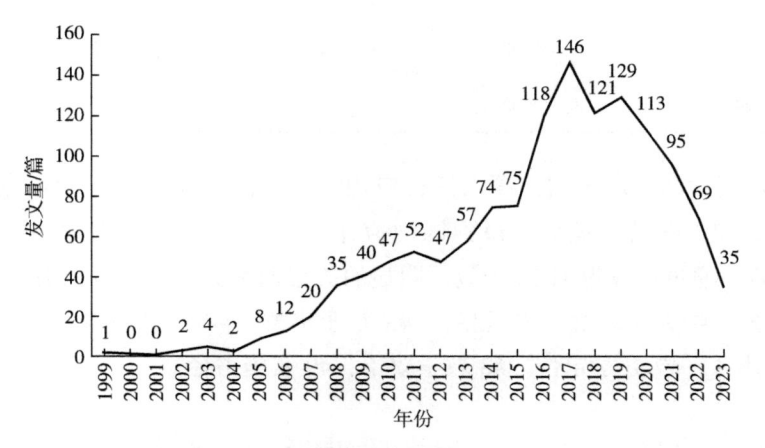

图 2.5　应用型本科院校研究发文量年度分布变化图

关键词是研究论文的核心焦点，而关键词的频繁出现常常是该学科研究的焦点所在。利用 CiteSpace 软件，我们对 1999—2022 年应用型本科院校的研究文献中的关键字进行了深入的分析（表 2.3）。根据研究结果，文献中出现频率最高的 10 个关键词分别是：应用型本科院校、人才培养、创新创业教育、专业建设、产教融合、"双师型"教师、课程体系、实践教学、教学改革和大学生。这些频繁出现的关键词揭示了研究人员所关心的核心问题。

表 2.3　1999—2022 年国内应用型本科院校研究高频关键词统计表

频次	初始年份	中介中心性	关键词
1058	1999	1.31	应用型本科院校
142	2003	0.40	人才培养
121	2004	0.37	创新创业教育
114	2005	0.28	专业建设
111	2005	0.29	产教融合
76	2006	0.18	"双师型"教师

续表

频次	初始年份	中介中心性	关键词
72	1999	0.22	课程体系
66	2006	0.13	实践教学
38	2005	0.06	教学改革
24	2002	0.29	大学生

分析关键词共现图谱，深入挖掘应用型本科院校相关研究的热点，经过 CiteSpace 知识图谱处理后，得到国内应用型本科院校研究关键词聚类图谱（图 2.6）。通过运算得到 10 个效果明显的关键词聚类，从图可以看出：#0 应用型大学、#1 人才培养、#2 创新、#3 专业集群、#4 产教融合、#5 大学生、#6 课程体系、#7 办学定位、#8 教学改革、#9 实施路径。

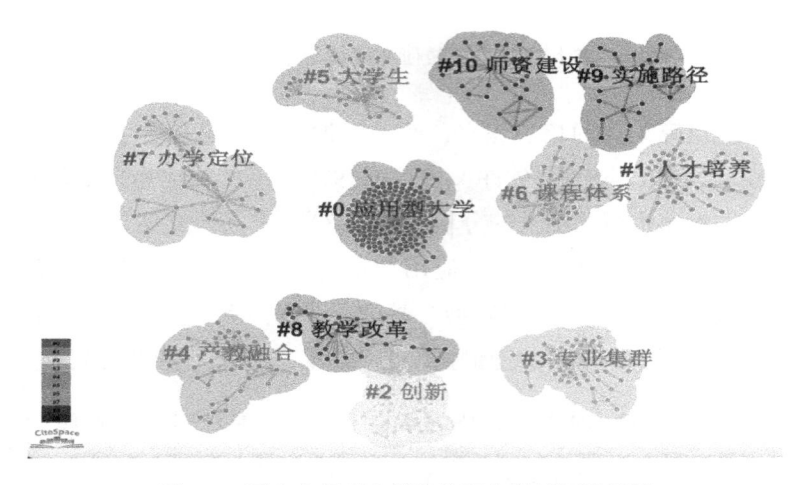

图 2.6 国内应用型本科院校研究关键词聚类图

2. 产教融合视域下应用型本科院校建设路径研究

要突破应用型本科院校的发展障碍，关键在于深化产业与教育的融合。关于产教融合视域下应用型本科院校的研究，很多学者关注宏观层面路径、制度的建设、微观层面课程建设和教师队伍建设。也有学者认为，深化应用型本科院校产教融合的路径主要有强化政府顶层设计；完善产教融合保障机制、产教融合平台建设；推动产教融合互动升级、企业积极参与；奠定产教融合实践基础。也有学者认为，应用型本科院校要推行团队教学模式，探索教师多样化的教学方式等路径，促进产教融合下的课程建设。有些学者认为，产教融合过程中命令性工具和劝导性工具使用过溢，忽视短期激励与长期建设的结合，而且产教融合政策工具呈现全面性和多样性，所以科学的组合还比较缺乏。

3. 产教融合视域下应用型本科院校专业人才培养模式研究

有学者认为，产教融合背景下应用型高校需要高校、企业、政府等多方面的积极参与和协作的人才培养模式，为社会培养更多更优秀的人才。有学者认为，要促进教育链、人才链与产业链、创新链有效衔接，提升学生的工程实践能力和创新意识，必须探索校政行企多元共建、产教融合协同育人的应用型人才培养新模式。也有学者认为，为了解决应用型高校学生职业认知缺乏、实践教学体系落实不到位的问题，需要构建"多元师资、双平台、3S联动"的产教融合教学模式。

4. 产教融合视域下应用型本科院校课程建设研究

课程是产教融合的出发点和落脚点，课程改革的成功最终决定产教融合的成功。有学者认为，要不断优化产教融合视域下应用型本科院校课程建设的框架，完善课程建设模式，打造课程建设产教合作共同体。也有学者认为，产教融合视域下应用型本科院校课程建设还存在：学生实践能力培养需要教师教学方式改变、实习学生实践素养发展需要实训环节有效支撑、人才培养目标要求与教学评价方式深度契合等问题。有学者认为，课程模块化教学是产教融合背景下应用型本科教学改革的必然选择，并且指出基于产教融合的应用型本科深度模块化教学改革路径为明确改革目标、构建课程体系、建设教育资源、设计教学活动、建立教学评价体系五个方面。有学者认为，产教协同教师发展，厚植工匠质量文化，保障一流课程建设可持续发展，要进行校企共施课程管理，重塑一流课程建设内涵与特色。

（四）简评

综上所述，形成以下共识：关于产教融合视域下应用型本科院校的研究主要体现在建设路径、人才培养模式改革、课程建设、教师队伍建设等方面宏观层面和微观方面的研究。但是关于产教融合视域下应用型本科院校基层教学组织的相关研究几乎没有。

二、关于基层教学组织的相关研究

（一）国内基层教学组织的相关研究

1. 基层教学组织的研究热点分析

本研究资料来源于 CNKI 数据库，以"教研室""基层教学组织"和"教学团队"三个词为检索词进行了精确查询，时间范围 1992—2023 年。检索范围限定在核心期刊和 CSSCI 期刊，而且检索日期为 2023 年 9 月 28 日。经过综合筛选，我们找到了 651 篇研究论文，并在剔除了不具价值的文献之后，最终确认有 616 篇论文是有效的。该研究计划对这些文献中的具体内容进行深入探讨。德雷克塞尔大学的陈超美博士团队，成功研发了一款名为 CiteSpace 的软件工具，该工具具有完成特定任务的能力。该工具是一个基于 JAVA 平台的知识图谱软件，目前的版本为 6.1.R6，可对文献进行分析（图 2.7）。

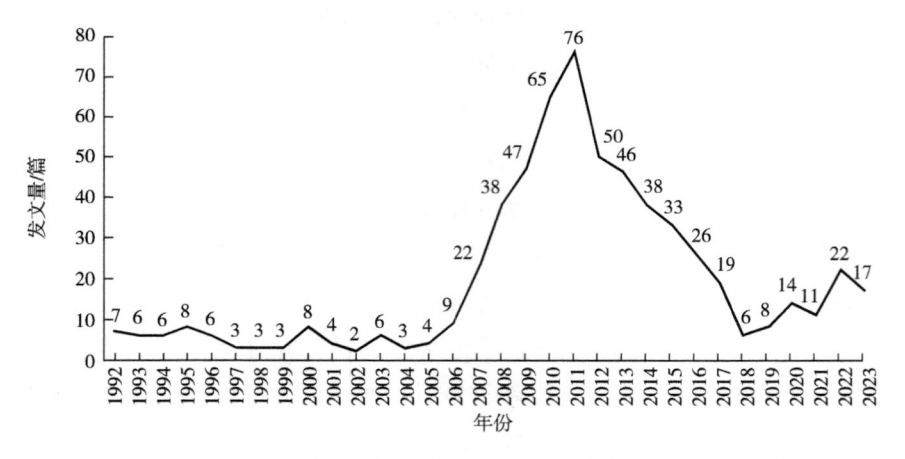

图 2.7　1992—2023 年国内基层教学组织研究发文量年度分布变化图

由图 2.7 可以看出，基层教学组织的相关研究最早出现于 1992 年，30 年以来关于基层教学组织的研究呈现波动状态，其中 2011 年达到顶峰，发文量达 76 篇，之后开始回落，最近 10 年来发文量开始上升。可以看出，自 2018 年出台加强基层教学组织建设的意见之后，发文量开始上升。

关键词的使用可以很好地体现研究论文的焦点，而某一领域的关键词出现频繁，这便是研究的焦点所在。我们利用 CiteSpace 软件，针对 1992—2023

年的基层教学组织研究论文的关键词进行了数据分析，详见表 2.4。从表 2.4 来看，十大出现频率最高的关键词分别为：教学团队、教研室、高职院校、基层教学组织、高校、建设、教学改革、双师结构、教研室主任、教学质量。

表 2.4　1992—2023 年国内基层教学组织高频关键词统计表

频次	初始年份	中介中心性	关键词
308	2007	0.78	教学团队
206	1992	1.25	教研室
54	2009	0.21	高职院校
29	2005	0.23	基层教学组织
29	2008	0.09	高校
28	1997	0.07	建设
16	2009	0.15	教学改革
15	2008	0.04	双师结构
13	1994	0.15	教研室主任
10	2006	0.15	教学质量

2. 基层教学组织的内涵研究

张安富和涂娟娟指出，在高校的垂直组织架构中，基层教学组织位居最底端，它是一个正式的组织结构，也是教学组织、教学实施、教学管理以及教学改革最基本的单元。陈晓琳和江珩认为，由学院等教学实体直接负责并根据教学计划进行教学和教学研究的高校基层教学组织通常都是围绕课程、专业或学科建立的，这些组织构成了教学组织、教学管理和教学改革的重要核心。该观点从基层教学组织的内涵的发展进行回顾，阐述了高校基层教学组织内涵的演变与创新。陆国栋等指出，高校教学计划的实行、教师教学能力的提升、学术研究的开展以及群体教育活动的组织与负责，都离不开基层教学组织，他们是教学活动的主要单元。该观点从教学角度出发，肯定了基层教学组织的教学这一核心任务。范冬清则认为学科的构建是基层学术机构的核心目标。随着学术结构的演变和学科的发展，除了传统的学院和系外，基层的学术机构也开始广泛地涉及以问题和项目为中心的创新研究机构，以及超出传统学科和学院的研究实体。它们与院系的联系可能是依赖，可能是并行，也可能是合作，总体来看，它们正在从单一模式向综合、多样化的方向转变。操太圣认为，基层学术组织具备明确的目标，旨在知识的流通和创新，借助恰当的手段，以及高效的管理和协调，全方位地展现学术自由的精髓，并且自然成就了学术共同体的属性。杜文军指出，在教育过程的各个环节，基层教学组织必须依据人才培育的规划要求，承担起教育任务的执行，并在各个环节中起到引导、审核和督励的作用；在课程设置与教材选择上，要建立符合学科专业发展的课程格局，负责制定与规定课程构建的计划、教学总结以及课程准则，确保课程内容的实时更新，将最前沿的学科和行业发展以及科研成果融入日常教学；同时，对教师的发展，应重点强调师德师风建设，提升教师的教育责任感和使命感，激发一线教师的积极性和热情，鼓励他们的创新精神，以此来推动教师全面提升教学水平。该观点分别从教学、课程与教材、教师发展三方面展开叙述，较全面地阐述了基层教学组织的内涵。

3. 基层教学组织建设的价值研究

王雅秋特别指出，高等教育机构应当高度重视教研室的重要性，并努力加强其建设工作。季爱华持有的观点是，教研室不仅是基层的教育机构，同时也是基层的研究机构。洪志忠通过探讨我国高等学校教研室的演变历程，强调了集中考虑和重新构建教研室体系的重要性和相应的方向思考。尽管高等教育机构的教研室经历了发展和重塑，但从高等教育的视角来看，关于建立教研部门的初衷和目标的相关研究仍然是不足的。教研室成立的初衷以及教研室组织的核心理念是什么，都是值得深入思考和研究的问题。

4. 基层教学组织的职能研究

以哈尔滨工业大学金属材料及热处理教研室为研究对象，哈尔滨工业大学教务处特别强调了该教研室在教师培训方面所扮演的关键角色。王学文强调，大学教研室在思想政治教育、教育研究以及教师培训等方面都扮演着不可或缺的角色，它也是组织各院系基础教学研究活动的关键机构。李惠和刘芸强调，教育教学是教研部门的核心任务，因此大学的教研部门必须重视专业课程的教学，并确保教研活动的顺利进行和教师团队的建设。王丽红等以石河子大学农机教研室为例，研究了教研室如何在教学管理、师资团队构建、教学风气培养和实际教学等方面产生积极的影响。根据最近整理的相关学术文献，一般的大学教研室的主要功能包括完成课程教学任务、组织科研项目以及教师培养等几个方面，但对于高等教育教研室的特点和属性的研究还非常缺乏，特别是关于高等教育教研室运行机制的问题，亟须展开更深入、更全方位的研究。

（二）国外基层教学组织的相关研究

1. 德国关于基层教学组织相关的研究

德国关于基层教学组织研究主要关注的是以教授治学为主的"讲座制"。在19世纪，受到洪堡教育理念的启发，柏林大学在各个领域建立了研究机构，达到教学与研究相辅相成的目标。这使教授的工作聚焦，增强了他们在决策过程中的影响力和地位，进而产生了所谓的讲座制。讲座制以"学术自由"为指导思想，极大地推进了德国国内高等教育的繁荣，到19世纪末，德国的高校始终处于全球教育和科研的中心位置。

2. 英、美等国家关于基层教学组织的研究

"学系制"作为英美等国的基层教学组织，继承了德国"讲座制"的模式，这种情况是根据现实条件得出的发展。"学系制"将科研任务与之分开，把教授的职权分配给其他老师。范德格拉夫认为，"学系"可以被看作是一个充满学术公正和自治性的团体，并没有垂直的层级关系。他指出，相较于德国的"讲座制"，英美等地方的"学系制"下，权力更为下放，教师能够享受到更为深广的学术自由。同时在美国科研领域迅速崛起的过程中，对跨领域研究的需求也在持续增长。Gerald R. Salancik 指出，一些美国高校正在尝试和实施多元化的基层教学组织新模式，在传统的"学系"机构以外建立了没有行政权力的学术体系，如研究中心、讨论会或者项目团队等"有组织的研究单位"。弗雷德里克与"学系"紧密联系的非正规教师团体也创建了相对独立的研究机构。Duderstadt James 提出在"学系"中，我们直接成立了"学术小组"。但是，1988年的《博耶报告》提到，由于美国过于重视科学研究而忽略了本科教育，这导致了研究型大学在教学资源上的浪费和科研与教学功能的分离，从而使本科生在毕业时仍然"对知识的整合能力不足"。这一现象激发了众多高等教育研究者对本科教育的重视，并实施了全面的教育改革。本文从组织行为的视角深入探讨了与教学和科研紧密结合的各种改革计划和项目。研究发现，大学在某种程度上通过激励基层教学组织更加关注本科教学、在组织结构上促进学术资源的共享，以及让基层科研机构承担更多的本科教学职责，从而对基层教学组织的管理体制进行了改革。从现在的情况来看，这种改革对于提升国内研究型大学的本科教学品质产生了正面的促进效果。

3. 日本关于基层教学组织的研究

从地理位置上看，与我国接壤的日本，其传统的大学组织方式为"直线职能制"，这与中央集中的高等教育体制是一致的。与我国的情况类似，政府的主要部门也承担着在基层创建教育机构的职责。日本的基层教育机构在教学模式上与我国存在差异，它借鉴了德国的"讲座制"教学方法。日本大学的"讲座制"深受日本民族文化中"等级是绝对的信念"和"精神信仰高于一切"的深刻影响，这使该制度历久弥新。但是，仅仅依赖"讲座制"对高等教育的发展产生了一些负面效应，如学科之间的交叉整合不足，这不利于教师队伍的更新，也阻碍了全面人才的培养。日本进一步基于这一点对"讲座制"的基层教育机构实施了改革和实践，确定了"实行大讲座制"和相似于美国基层教学组织机构的"学系制"，并创造了多样化形态的基层教学组织共存的现象。

（三）关于基层教学组织运行模式的相关研究

1. 基层教学组织政策演进与实践嬗变

研究者经常从国家政策的演变和产教结合的实际经验中，寻找应用型本科院校基层教学组织运行的理论依据。产教融合背景下，基于国家政策的引导，研究者们结合应用型本科院校基层教学组织运行的广泛探索与实践，将政策和实践相互作用，针对课程教学、教学改革和专业建设类基层教学组织等类型跨界开展教研活动。本研究通过梳理前者相关研究的政策逻辑与后者的实践发展脉络，总结基层教学组织运行中亟待解决的重大难题，为此奠定构建理论框架的基础。

（1）政策的缘起与演化。

在产教融合的大背景下，应用型本科院校的基层教学组织呈现出旺盛的发展势头，与此同时，相关的政策也在国家和地方两个层面上持续显现。在1991年，国家提出了"产教结合"的提议，这是基于中国教育发展的重大转变，同时考虑到教学和产业两个领域所作的关键决策。但是，产教融合如何构建互惠的校企合作的长效机制，不光是理论问题，还是实践问题，更是制度创新问题。产教融合受目标、环境、利益等因素的影响，产业与学校的行动逻辑必然会发生冲突。冲突如果得不到快速、有效的化解，就会制约产教融合共同体高质量发展。强化地方本科院校产教融合的制度建设，应以政策的细化与特色化提供明确的法治保障；以价值观、行业标准、行业协会与组织建设提供专业规范；以社会文化理念、高校科研人员创新创业、企业文化融入提供行动逻辑；以激励制度与运行规范、典型案例宣传推动形成产教融合共赢的理性认知和自觉行动。产教融合保障条件在制度、人员和资源方面存在不足，无法保障产业与教育的深入融合。为了适应不断变化的时代背景，国家制定了一系列政策，旨在明确高等教育机构在"产教融合"服务坐标体系中的政治角色和实施途径。

2015年，教育部等部门联合发布了《关于引导部分地方普通本科高校向应用型转变的指导意见》的文件。该文件强调了创建一个产教结合、共同培养人才的模式的重要性，以确保专业链条与产业链条、课程内容与职业准则以及教学与生产流程能够无缝对接；我们应当鼓励行业和企业在学校管理、专业发展、课程设计、人才培训以及绩效评估中进行全面和持续的参与。从那时起，我国的地方普通本科高等教育机构开始向应用型方向转型，强调与产业的深度结合。

2017年，国务院办公厅正式公布了《关于深化产教融合的若干意见》的文件。这份文件明确指出，为了更加高效地推进人力资源供给侧的结构调整，加深产业与教育的整合，并确保教育、人才、产业和创新链条之间能够顺畅地互相连接，深化产教融合是至关重要的。在当前的社会和经济环境中，提高教育水平、增加就业和创业机会、推动经济结构的转型和升级，以及培养新的经济增长动力，都是具有深远影响的不可忽视的因素；我们进一步明确了"引企入教"改革的深化方向，并鼓励企业更加积极地参与到职业学校和高等教育机构的教育教学改革中；我们正在积极促进应用型本科教育和具有行业特色的高等教育机构的建设，目的是增加应用型人才培训的比重。从更广泛的宏观视角来看，国家已经明确了应用型本科教育的历史任务，是为产业培养急需的应用型专业人才。此外，这也清晰地表明，将产业与教育相结合是应用型本科院校采取行动的核心路径。

2018年，教育部发布了《关于加快建设高水平本科教育全面提高人才培养能力的意见》。该意见强调，应根据学校的实际情况，建立和完善各种形式的基层教学组织，广泛开展教育教学研究活动，以提高教师将现代信息技术与教育教学深度融合的能力。我们致力于创建一个全方位、全过程深度融合的新型协同育人机制，同时，我们也与社会招聘部门建立了更加紧密的人才培养合作伙伴关系。为了更好地协调人才培养的目标，我们与相关部门合作，共同制定了人才培养的准则，并对人才培养计划进行了完善。完善教师团队的协作机制，全面协调专职和兼职教师的队伍建设，推动双方交流，以提升实践教学的质量。国家从宏观层面上提出了关于基层教学组织要建设多种形式，重视了高等学校微观的基层教学组织建设。同时，也明确了基层教学组织也要构建全方位、全过程的产教融合的协同机制。

2019 年，教育部发布了《教育部关于深化本科教育教学改革全面提高人才培养质量的意见》，其中强调了加强基层教学组织的建设；高等教育机构应以各个院系为基础单位，强化教研室、课程模块教学团队和课程组等基层教学组织的建设，同时制定和完善相关的管理制度，以激发基层教学组织的活力；鼓励高等教育机构建立一个由校企、校地和校校共同参与的协同教育中心，以形成一个融合校内外资源的高质量教学创新团队。国家进一步对基层教学组织建设提出了更细的要求，明确了高校要与产业相结合协同开展基层教学组织建设。

2020 年，国务院印发《深化新时代教育评价改革总体方案》中指出，致力于研究和制定应用型本科的评估标准，特别强调对相关专业技能和实际应用能力的培养；把参与教研活动等计入工作量。由此可见，国家不仅重视应用型本科院校和教师的实践应用能力，而且特别重视教研活动。

国家关于产教融合、应用型本科院校和基层教学组织相关文件的出台，明确要求基层教学组织与产业在人才培养、专业建设、课程建设和教师队伍建设等方面深度合作，形成实践共同体，即产业人员参与的基层教学组织新模式，培养符合地方需要的应用型人才。显然，无论是主动布局还是被动应对，都强调应用型本科院校的基层教学组织需要与产业部门紧密合作进行教研活动。这也进一步确认了产业和应用型本科院校的基层教学组织之间存在实践共同体的紧密联系，并鼓励基层教学组织与产业各方共同思考如何更有效地协同教研，以更好地服务于国家的战略目标。

与之相呼应，地方层面开展了一系列的基层教学组织相关制度设计。如江苏省在 2022 年出台一号文件《江苏省教育厅关于加强高校基层教学组织建设，促进教学能力提升的指导意见》及《江苏省本科院校基层教学组织建设基本标准》，涉及的应用型本科院校基层教学组织建设基本标准主要包括：机构设置、工作机制、工作内容和保障机制等方面。在其人员组成方面，提出鼓励吸纳相关行业骨干、行业优秀管理人员参与基层教学组织。这既提高了企业对本科院校基层教学组织的重视程度，也促进应用型本科院校具有应用型人才培养的专业优势，使其有能力与行业企业有效合作开展基层教学组织建设。

"产教融合"倡议提出以来，国家层面出台的系列政策和地方省域的细化规章有很多，在应用型本科院校基层教学组织研究方面也出台了很多相关政策，高等教育正在经历一场从使命到路径的教育变革。同时，为了保证产教融合基层教学组织有效运行和参与方的职责和使命，产教融合也在协同理论和新制度理论指导下持续不断深化。

（2）实践的探索与发展。

随着研究逐渐向更深层次、更高水平推进，产教融合逐步形成了从学校宏观层面向基层教学组织中观层面的融合新格局，同时也呈现出亟待解决的障碍与问题。由此，产业人员参与应用型本科院校基层教学组织的运行模式也经历着从单一主体向多元主体的实践与探索。

1）从封闭到半开放的过渡。

事实上，在应用型本科院校中，产教融合的实践案例颇为丰富。自从2015年国家发布了《关于引导部分地方普通本科高校向应用型转变的指导意见》之后，这些高等教育机构已经开始了向应用型方向的转型。随着时间的推移，许多地方的普通本科院校逐渐转型为应用型的本科教育机构，并开始实施产教结合的策略。这类产教结合的应用型本科院校在宏观层面与产业界展开了学校与企业、学校与学校之间的合作，这种合作体现了学校的宏观政策和教育理念，但并未鼓励产业人员参与到基层的教学活动中。

2）实践探索与发展中存在的主要问题。

首先，基层教学组织人员参与动力不足。一方面，产业人员时间和精力有限，能够参与基层教学组织活动的次数有限，缺乏共建实践共同体的责任感和使命感。另一方面，产教融合的基层教学组织建设需要大量的智力支持，如应用型本科院校的课程标准、行业规范等核心要素，需要参与人员付出时间和精力进行教研活动。

其次，基层教学组织运行的保障明显不足。多元主体之间的利益协同机制尚未形成，参与的政策、资金等保障供给不足，存在多重障碍和政策刚性，教育数字化转型背景下智慧+教研的资源和信息服务等支持体系也严重不足。

2. 基层教学组织运行的内涵分析

（1）大学职能。

1999年1月，《高等教育法》正式生效，这标志着大学的职责从教育领域的规定转变为普遍适用的法律条款，大学有法律责任履行其职责。《高等教育法》明确指出，高等教育机构应以人才培养为核心，进行教学、科研和为社会提供服务。这意味着在国家的高级规划中，我国的大学被赋予了教学、科研和为社会提供服务的三大核心职责。2011年10月，党的十七届六中全会正式批准了《中共中央关于深化文化体制改革推动社会主义文化大发展大繁荣若干重大问题的决定》。该决定明确强调，文化不仅日益成为民族团结和创新的核心动力，也逐渐转变为国家综合实力竞赛的关键要素，更是经济和社会发展的核心支柱。同时，丰富人们的精神文化生活也日益成为我国人民热切期望的目标。因此，加强文化强国的建设不仅是历史需求，也是时代发展的双重要求，这标志着我国社会已经步入了一个以文化为主导的新时代。为了满足文化时代社会对高等教育机构的期望和需求，2017年2月，中共中央和国务院发布了《关于加强和改进新形势下高校思想政治工作的意见》。该文件强调了高等教育机构在人才培养、科研活动、社会服务、文化创新以及国际交流与合作方面所承担的关键职责。

（2）应用型本科院校职能。

刘金存持有这样的观点：地方性高等教育机构的三大核心职责包括培养应用型人才、进行应用科学的研究以及为地方提供服务。地方高等教育机构中"政校合作"的核心驱动力是其所隐含的对"政校合作"的深层次需求。这些驱动因素与地方高等教育机构因生存压力和发展难题而产生的外部动力共同作用，通过构建和创新动力机制，形成了地方高校"政校合作"的推动力。魏饴强调，地方本科高等教育机构的这种转型和发展实际上是对人才培养、科学研究和社会服务这三大核心职能的现代诠释和重新构建。具体来说，人才培养更注重应用研究，科学研究更侧重于应用研究，从而更好地满足行业和企业的实际需求。与此同时，地方本科高等教育机构在转型和发展过程中，需要重新审视其运营机制，这与高校治理模式的变革有着密切的联系。这需要调整高校、政府和社会三者之间的互动关系，促进多元利益相关方的积极参与，并需要对高校自身的运营机制进行改革。

（3）应用型本科院校基层教学组织职能。

学校根据学科和专业的整体布局以及其独特性，制定了基层教育组织的全面规划。从一个角度看，对于当前的基层教育机构，我们需要明确它们在执行教学目标、专业发展、课程与教材制定、实际操作教学、教育研究与改进以及教师教育进步等多个领域的明确职责；从另一个角度看，为了满足教学工作的实际需求，我们可以考虑建立跨学院、跨学科和虚拟的基层教学机构，并根据教师的教学发展需求，考虑新建基层教学研究与发展中心或平台等相关组织。对于满足特定条件的基层教学机构，经过学院的讨论和批准后，有必要向学校进行备案，并由学校负责研究和制定新的基层教学组织的工作职责。应用型高校基层教学组织职能主要为专业建设、课程建设、教师专业发展、教学研究和为地方行业培养应用型人才的职能（图 2.8），具体可以归纳为以下几个方面。

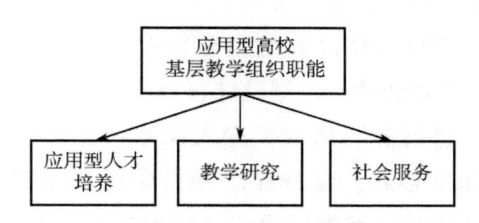

图 2.8 应用型高校基层教学组织职能

第一，提高教师实践能力，促进教师专业成长。通过深入了解行业的实际操作和前沿技术，我们可以提高教师的实践技能和专业发展水平，提高教师在产学研结合中的教育能力。注重教师教学发展能力的培养。强化师德建设，提高教师教书育人的责任感和使命感。实行教授给本科生上一节课的基本制度。我们需要加大对教学团队建设和教师培训计划的制定力度，严格控制新教师的开课时间，并为年轻教师提供教学指导，以确保教学工作的有效进行。教师被有序地派遣到国内外的大学和相关机构进行进一步的学习和培训。

第二，我们需要提高教学和研究的质量，并推动专业和课程的深度革新。我们致力于构建产教结合的课程资源，并在产教结合的背景下进行课程教学和创新创业项目的指导，深化教学研究与改革。我们鼓励教师与行业内的专家合作，共同推进人才培养模式的革新，更新我们的教学内容和课程结构，对实践教学、教学方法和工具进行改革，并在教学质量评估等领域进行教学改革的研究和实践，同时也强化了教学成果的实际应用和普及。鼓励教师联合行业人员申报不同层次的教学研究项目、教学质量工程项目及教学成果奖励，经常和行业人员进行教学研讨和交流活动，举办互相听课、教学观摩和教学竞赛等活动，并进行同行评议。鼓励教师参与国内外的教学研讨活动，并了解教学改革的最新动态。根据人才培养方案和教学计划的规定，确保每名教师都能清晰地理解基层教学组织的全部职责和任务。一是努力提升教育教学质量。根据人才培养计划和教学计划的具体要求，组织并执行教学任务，同时进行多元化的教学评估和教学质量的深入分析。对课堂教学进行规范，严格遵守课堂纪律，并努力提高课堂教学的质量。加强对各个教学环节（如备课、授课、实验实习、课程设计、考试考核、毕业论文或论文设计）的指导、检查和监督。二是强化专业建设。加强对有关学科、有关行业、有关领域发展趋势和人才需求的调研，编制并实施专业建设规划、制（修）订人才培养方案等，充分发挥专业评估、专业认证以及专业建设和改革等方面的重要作用，加强课程和教材的建设。设置与学科专业发展相适应的课程体系，安排和规范课程建设规划和教学大纲及课程标准。及时刷新课程内容，将最新的学科趋势、产业进展和科研成就融入课堂教学活动中。加强现代信息技术与教育教学的深度整合，促进在线开放课程和微课的研发和应用。精心挑选或编纂高质量的教材和指导手册，同时进行教材、教辅材料、课件、题库、资源库以及开放课程等多种教学资源的建设工作，强化实际操作的教学方法。我们需要科学地制订实践教学计划，确保实践教学环节的规范性，并加强实践平台的建设工作。我们需要加大对课程实验、阶段性实习、综合培训、毕业实习以及毕业论文（设计）的指导力度。对创新和创业教育进行改革，鼓励大学生参与学科和专业的竞赛，以及参与创新和创业的实践活动。致力于建立稳定的校外实践教学基地，并完善产教结合的校企合作和协同育人机制。

第三，加强社会服务。支持行业技术人员了解与跟踪前沿理论与最近研究动态；通过深度参与为行业培养更能适应行业需要的应用型人才。

基层的教学组织结构包括教研室、教学团队以及课程组等多种形式，而虚拟教研室则代表了一种创新的基层教学模式。有专家学者认为，虚拟教研室运行现状存在路径依赖、维度单一、缺乏成长性等问题。学者们对基层教学组织的运作要素进行了深入研究，并提出了一种基于"生成式"的运作模式，以促进高等教育教研在教研主体、教研环境、教研目标、教研内容和教研过程这五个关键要素上的范式转变。有学者提出，应该建立多种形式的混合式活动组织机制、数字教育资源的共建共享机制、"技术传帮带+技能反哺"的互助机制、教研成果的迭代与迁移推广机制，进一步依赖技术介入突破时空的局限性，加速教研体系的分类分层发展，以教研发展促进教学的提升，最终推动高等教育的高质量发展，从而实现高等教育的现代化。也有学者认为，基层教学组织需要回应国家需要与时代呼唤，聚焦"立德树人"教育目标，紧扣"课程建设"核心要素，围绕"教学能力"提升要求，探索"智能+"实施路径。运行主要包括需求评估、任务实施、信息回馈以及结果运用等几个部分，这些部分以螺旋式的方式循环进行，它们互相融合，进而实现程序本身的自我创新和自我修复功能。有学者指出，专业教学团队的运行涉及运行驱动机制、协同运作机制、内部和外部的调控，这四个方面构成了专业教学团队组织效能显现和目标达成的动态过程。

3. 基层教学组织运行现状及问题研究

胡成功指出，我国高校教研室在结构上缺乏组织的适应性、多样性与合理性。姜茂发和王芳指出，如今的大学基层教学组织已经无法满足人才培养和科研进展的需求。这主要表现在教学的基本构造过于宽泛，教育资源的分布过于广泛，教育和研究的协同不足，以及理论教学与实践教学之间存在缝隙。韩新才认为，教研室在执行其职责中存在如责任不明确、管理机制缺失以及员工组织松散等问题。但是，目前对高等学校教研室的变迁与式微的研究，还是比较停留在表层，没有进行深入的研究。青平和成协设指出，在基层教学组织建设过程中，暴露出了一系列的问题，包括顶层设计的匮乏，组织框架的混乱；角色与权责定位的模糊，权力与责任的关系不清晰；教师的积极投入不足，整个组织缺乏活力；运行制度不明确，评估系统不健全。该观点全面剖析了基层教学组织的现存问题，虽然这主要是对农林院校的特性进行的研究，但这些问题是否具有普遍性还需要进一步深度探求。

4. 基层教学组织改进策略及发展路径研究

（1）基层教学组织改进策略研究。

闫淳冰建议了几种大学教研室的重构方式。黄辉建议，通过"团队"建设来推动高等教育教研室的管理方式向创新方向发展。刘小强和何齐宗从教学组织改革的角度出发，探讨了如何通过教研室的建设策略来提高高等教育的教学质量。孟君以内蒙古大学的世界史教研室为研究对象，分享了他们在教学团队建设方面的珍贵经验。然而，目前的研究并没有从大学教研室的存在必要性、合理性以及教研室的设立原则和方法来深入探讨大学教研室的治理问题。由于不同类型的大学具有各自独特的学术组织模式，大学教研室的组织结构问题成为这些大学发展过程中亟须解决的关键问题。侯振山建议，教研室的管理需要进一步完善相关的制度框架。白夜昕、胡晓萍提出实现教研室制度化建设的重要举措。李海东指出，教研室建设与管理及考核评估实务全书是关于教研室规章制度较为全面的论述，分别从教研室的工作总述、建设管理、综合事务管理、考核评估四个方面出发，对教研室的规章制度进行了精细又翔实的系统梳理。霍仲厚指出，教研室建设与管理一书用总述再分述的方法，从教研室教学、科研和师资建设三个方面入手，通过分析教研室管理条例的内容及执行情况，总结出了教研室建设与管理中需要关注的重点。王焕勋以学校某学科的教研室规章制度及活动为切入点进行研究，结合了文本分析与实践剖析，具有较强的可信性，但其可行性也必然受到制约。

（2）基层教学组织发展路径的研究。

在当前的新环境中，如何让教研室充分发挥其潜在功能，成为学者们所面临的一大挑战。目前，已经确立了两个主要的发展路径。第一种路径是在教研室现有的组织结构中加强内部管理，这包括改变传统的管理观念，强调教研室的核心角色，建立和完善规章制度和管理制度，调整教研室在学术研究、教学、科研和行政事务之间的关系，并通过提升师德建设来提高教师的整体素质。第二种路径是组建一个高效的教研团队，这对于推动高等教育教研室在激励教学创新、增强教师的专业能力和教学品质、促进学校的教学和科研活动，以及培育高质量人才等多个方面都具有至关重要的影响。我们正在探索一种创新的、带有特定教室研究功能的组织方式，这种方式颠覆了教研室的传统思维，并根据实际需要重新构建了新的组织结构。例如，部分学者提出了成立教授研究室的建议，其具体的实施策略是在学院内部创建两个相互独立的机构，即系和研究所。同时，也有学者提议使用学科、研究所等不同的组织方式来替代教研室这种传统的组织模式。有研究指出，基层教学组织的发展途径可以从几个关键方面着手，包括构建和优化基层教学组织结构；对基层教育机构的组织构架进行创新；对基层教育机构的运营方式进行改革；完善基层教育机构的操作流程；为基层教学组织创造一个能够充分发挥其功能的文化环境。这一观念是基于基层教育组织的内部结构来进行优化的，但该研究并未向外界提出优化的建议。

（四）简评

综上所述，可以形成以下共识：关于基层教学组织的相关研究，主要体现为基层教学组织现状、内涵、职能等相关的研究，而针对不同类型的高校基层教学组织的研究几乎没有，针对应用型本科院校基层教学组织应如何建设的研究也几乎没有。

三、研究述评

基于国内外文献分析发现，国内外学者对产教融合和基层教学组织的研究给予很多的关注，也取得了一定量的研究成果，为后续研究奠定了良好的基础，提供了多方面的研究视角，为基于产教融合的应用型本科院校基层教学组织运行的实践发展提供了一定的理论支撑。大量应用型本科院校与产教融合的理论性研究正在增多，较好地呼应了引导地方普通本科院校向应用型转变和产教融合建设的时代命题。整体上来看该研究方向存在着研究对象丰富化、研究视角多元化、形成过程动态化、研究方法单一化等特点。

（一）已有研究的梳理

围绕"产教融合"和"基层教学组织"两个主题，国内外学者综合运用定量研究和定性研究对产教融合的成效和基层教学组织运行的问题进行了深入的论证和阐述，取得了一定的研究成果。

一方面，有关产教融合的研究在学界已经较为普遍，目前学界对产教融合的成效褒贬不一。之所以对产教融合成效的评判不一致，主要是研究者的研究视角和关注内容不一致。研究者观测产教融合的不同方面、不同阶段，从而形成了不同的研究结果。在已有研究中，研究者已经发现产教融合视域下应用型本科院校建设发展有其特殊性，并对这方面的研究进行了较多关注。但是，目前学界针对产教融合视域下应用型本科院校高质量发展缺乏深入研究，对于如何充分考虑其特殊性，也很少进行较为系统的探讨。

另一方面，我们通过梳理有关基层教学组织运行模式的文献发现，基层教学组织建设越来越需要依靠产教融合，但目前研究仍然不够深入。现有文献对于基层教学组织运行模式进行了研究和讨论，但是涉及产教融合型基层教学组织的研究内容深度和广度还不够。特别是对于产教融合型基层教学组织应该如何运行的研究不深，导致目前产教融合的研究内容仍然浮于表面，且较为宏观，缺乏对产教融合型基层教学组织的深度观察。

因此，通过梳理产教融合与基层教学组织相关研究，我们发现产教融合微观层面研究不够，产教融合基层教学组织如何运行研究不深的问题，从而提出本研究的核心研究问题：即产教融合视域下应用型本科院校基层教学组织如何实现有效运行。

（二）已有研究的贡献与不足

围绕"产教融合视域下应用型本科院校基层教学组织运行模式"这一主题，结合文献综述，本研究将已有研究的贡献和不足归结为三点。

第一，目前，关于基层教学组织的研究主要集中在宏观政策的层面，而对于不同类型的高校如何建设基层教学组织的研究则相对缺乏。

根据已有的学术文献，学者们对基层教学组织的建设问题进行了深入而全面的探讨和研究。本文基于对教研室这一基层教学组织发展历程和当前挑战的深入探讨，得出一个共识：传统教研室已经越来越不能满足现阶段高等教育发展的需求，以至于存在着组织职能空心化，效能得不到充分发挥的现象。对此学者或主张以教研室为单位重构功能与体系，或考虑探索与实践新型基层教学组织。因此，高等学校在基层教学组织建设过程中，要针对自身办学定位与学校发展的实际情况，构建与学校定位相匹配的基层教学组织形式，以提高学校教学质量提高。

尽管学术界在基层教学组织的研究领域已经取得了某些进展，但其研究方法仍然显得过于单一。更具体地说，在研究方法上，关于基层教学组织的研究往往更倾向于抽象地阐述其核心理念。近几年，关于基层教学组织的研究逐渐呈现出理论与实证研究相融合的发展趋势，然而，从总体角度看，仍然缺少足够的实证调查数据作为支持。

第二，关于应用型本科院校的研究较为丰富，但缺少对应用型本科院校基层教学组织引入行业人员合作开展教研活动的研究。

从现有文献上看，一是对应用型本科的概念辨析、办学特征、内涵建设以及人才培养模式和相关理论探讨等研究进行分析；二是对近几年提出的应用型本科转型的概念、路径以及内涵研究进行分析；三是对国内分类评价和院校评价研究进行分析。鲜有研究对应用型本科院校基层教学组织引入行业人员合作开展教研活动进行研究。

第三，尽管关于应用型本科院校产教结合的研究相对较多，但在应用型本科院校产教结合的基层教学组织研究方面，仍然存在明显的不足。

在学术领域，应用型本科院校的产教融合研究已经取得了不少进展。这些研究主要聚焦于学校在宏观层面上对产教融合的定义、特性、实施方式、影响要素以及策略的探讨。目前产教融合的相关研究鲜有关注产教融合基层教学组织；关于基层教学组织的研究又主要集中在价值分析、制度建设、运行状态、职能和策略等方面，极少关注产教融合教研组织建设方面。

综上所述，本研究认为：一方面，目前国内外有关基层教学组织的研究虽然在研究深度和广度上达到了一定的水平，研究成果也非常丰富，但是基于产教融合基层教学组织的研究尚显不足。另一方面，国家出台产教融合政策的目的，主要是推动产业针对基层教育组织的协作研究教学活动，这是对产教融合工作的重视，并且是推进应用型本科院校高质量发展的必然决定。因此，本研究聚焦"产教融合视域下应用型本科院校基层教学组织运行模式研究"这一研究主题，具有理论意义与现实意义。

第三章　研究设计

本章聚焦锁定的研究问题，从相关理论中寻求本研究的立足点和研究视角；在前期文献综述的基础上，围绕研究问题，进一步明晰研究重点，确定分析框架；根据研究问题和研究视角确定适切的研究对象和研究方法，就研究方法的合理性以及研究对象的选择考量进行论述。

一、理论基础

在不同场所和环境开展基层教学组织活动时，组织可能会遭遇形形色色的出于自我防卫而形成的阻碍心理或行为，面临着大大小小的现实困境。因此，协同理论、实践共同体理论、新制度理论对本论文的分析和研究具有重要的参照和指导作用。

（一）协同理论

1. 协同理论的提出与发展

协同理论（Synergetics）最初被定义为"合作的科学"或"一个系统的各个部分（子系统）的协同工作"。这一理论最初是在物理学科领域中应用的，主要研究系统内多个子系统和多个要素之间的相互合作和相互作用的规律性。

协同理论构建了一个理论框架，该框架在外部环境的作用下，通过涨落效应、非线性效应以及协同效应等多重机制，对组织内的各个子系统或元素产生影响，从而形成了一个平衡且稳定的结构体系。自从该理论诞生以来，它一直在不断地演变和发展，其理论内涵也在不断地深化和丰富，理论优势也逐渐显现出来。因此，研究者们广泛地将其应用于自然科学，并将其延伸到社会学、管理学、经济学、高等教育学等多个学科领域，从而催生了新的发展格局。

2. 协同理论内涵

协同理论专注于研究系统的"自我构建"过程，在外部环境的作用下，它利用涨落和非线性效应来深入探讨系统的"自我构建"过程。协同理论着重于研究有序结构的生成和发展过程，它的核心概念涵盖了协同原理、伺服原理（也称为支配原理）、自组织原理、涨落原理以及序参量原理，这些原理共同塑造了人们的思考方式和对世界的认知。

简单地说，协同是探讨系统如何从混乱状态转变为有序状态的理论。该研究旨在明确新结构和自组织在性质截然不同的系统中的共性，揭示由合作效应触发的系统自组织的功能，并在各种不同的科学领域中寻找系统自组织运行的自然规律。

3. 协同理论对基层教学组织研究的适用性

在本研究中，应用型本科院校基层教育组织是一个系统的组织结构，而基于产教融合的应用型本科院校基层教育组织其运行受到多主体相互合作、相互作用的影响，契合协同学的内在规律。协同理论能够阐释和指导基于产教融合的应用型本科院校基层教学组织的运行规律。

（二）实践共同体理论

1. 实践共同体理论发展历程

在1991年发布的《情景学习：合法性周边参与》这本书中，Lave 和 Wenger 首次引介了"实践共同体"的思想。Wenger 对这一理论进行了更深入的拓展，并对其进行了系统化处理；"共同体"这一术语并不总是指的是成员共同存在、定义清晰、互相认同的集体，也不一定要有明确的社会界限。这意味着参与者在一个特定的活动系统中共同参与，并分享他们对该系统的看法，这种看法与他们所采取的措施、这些措施在他们日常生活中的重要性以及他们所处社群的意义密切相关。Lave 和 Wengeri 持有观点，即实践共同体是无所不在的，每个人都是多个不同实践共同体的成员。在某些共同体里，我们是全面的参与方，而在其他一些共同体里，我们仅仅是被边缘化的存在。正是这些共同体的参与塑造了我们的日常生活，并确定了我们的身份。

Wengeri 观点是，"实践共同体"构成了一个不可分割的整体，并提出了实践共同体的三个核心要素：相互之间的参与（mutual engagement）、共享的目标（a joint enterprise）以及共享的技艺库（shared repertoire）；共同体的三大核心元素由实践的三个方面组成，这也是"实践"作为"共同体"一致性来源的三个显著特点。

2. 实践共同体的主要内容

温格发展了"实践共同体"这一概念，他指出实践共同体具有三个特征（图3.1）：第一个显著特征是实践者之间的"相互参与"，这标志着一个实践共同体的建立，其中共同体成员共同参与行动，其深远的意义已经在所有成员中获得了一致的认同；第二项是"一起干事业"，这是实践共同体成员在相互干预和磋商的过程中达成的共识，它代表了共同体成员所处环境中具有本土特色的一项重要事业；第三个是所谓"分享的技艺库"，就是共同体们在实践中所创造出来，内化为自己练习时的一系列知识，如规则、口令、工具、行为模式、故事、姿态、象征、言语、动作和观念等。就相互关系而言，所分享的技艺库，一方面体现着共同体各成员之间的互涉过程，另一方面则成为实践共同体意义协商的重要资源，并由此建立了实践者共同的事业。

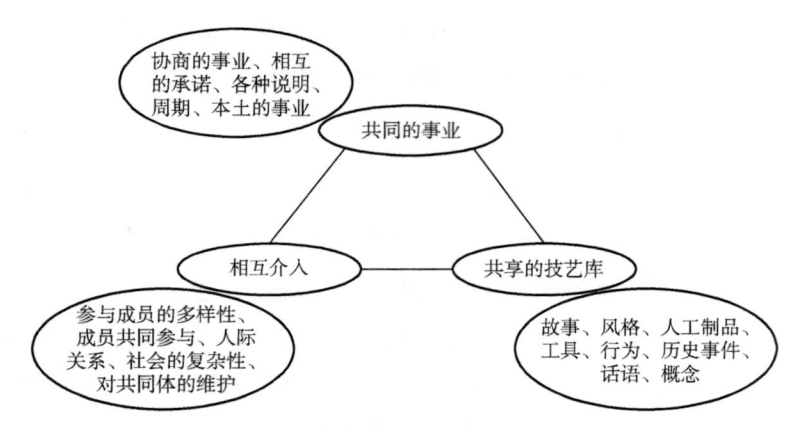

图 3.1 实践共同体的三个特征

3. 实践共同体理论对基层教学组织研究的适用性

实践共同体的概念一经提出，即被作为分析学习的基础理论广泛应用于教育研究和各类职业培训。一些研究者认为实践共同体的研究视角为深入教师的意义世界，观察共同体及其成员的互动提供了可能。陈向明指出，在研究教师的实践性知识时，他发现"实践共同体"这一概念不仅为研究者提供了一个深化对教师意义世界理解的工具，而且在教师的日常教学生活中，实践共同体也成为教师生成和发展实践性知识的重要场所和主要载体。

(三) 新制度理论

1. 新制度理论的发展历程

新制度主义（New Institutionalism）在 20 世纪 70 年代中期开始兴起。基于对当时的政治学行为主义和经济学新古典经济理论的深入反思，西方的社会科学研究者开始重新关注制度主义的分析方法，从而引发了制度主义理论的复兴浪潮。1977 年，约翰·迈耶（John W. Meyer）与布里安·罗恩（Brian Rowan）共同发表了题为《制度化的组织：作为神话的仪式》的文章，这标志着组织社会学中新制度主义学派的正式诞生。这篇文章也被普遍认为是"新制度主义分析的基石"。1984 年，詹姆斯·马奇（James G. March）与约翰·奥尔森（Johan P. Olsen）联合发表了一篇名为《新制度主义政治学：政治生活中的组织因素》的文章，其中他们强调了制度分析在复兴中的核心地位，并在文章中引入了"新制度主义"这一术语，目的是和 19 世纪末至 20 世纪中期的制度主义研究作区分，从而正式开创了"新制度主义"时期。此后，新制度主义理论在多个领域迅速崛起，在政治学、经济学、社会学等领域展现出强大的学术解释力，极大地激发了研究者的想象力，成为社会科学研究的招牌性标语。

社会学从诞生之日起就把制度作为主要的研究对象，具有重视制度研究的传统。涂尔干（Durkheim）将制度定义为共享信念、规范和集体行动方式的集合。韦伯注重通过文化信念、经济和政体的比较分析，对社会制度作出阐释。帕森斯将制度看成文化信念、规范和共同价值观的系统，它们对于个体行为产生激励作用。默顿将制度看作一种社会结构，它决定着个体的利益和行动策略。

学术界一般将迈耶、罗万和斯格特等人在 20 世纪 70 年代以后进行的制度研究看成新制度研究的起点。新制度研究在组织领域是与开放系统联系在一起的，与封闭系统相对应。在封闭系统视野下，组织被看成追求内部技术效率的一个独立单元。在开放系统视野下，环境影响着组织结构及其运行方式。在采用开放系统研究组织现象的早期，研究人员仍然从理性角度出发，把组织看成一个理性主体，在效率机制作用下，尽量在结构上作出安排，克服环境对组织带来的不确定性。换言之，制度理论关注在"合法性"（Legitimacy）的作用机制下，制度环境对于组织的作用。迪马鸠与鲍威尔都提到，组织的同质性是通过强制性、规范性和模仿性的手段来达成的。关于制度的建立和传播的实证研究揭示了一个普遍规律：在制度的创立和传播初期，人们通常是基于理性原则来做出选择的。然而，随着制度逐渐普及，人们开始失去选择的自由，导致一些制度如同理性神话般被广泛传播。

新制度理论的学者们在研究中的一个显著创新是，他们发现并强调了制度环境与技术环境之间的相辅相成和共同存在的关系。Scott 持有的观点是，制度环境是一个拥有完备规定和标准的场所，无论这些规定和需求源于哪里，只要组织恪守这些建议或信仰，都将获得相应的回馈。然而，在当前的技术背景下，组织有能力制造产品并在市场上进行交易。也就是说，组织能够通过对生产流程的高效管理来实现（超额）收益，这些收益主要来源于市场和外部因素。曹正汉特别强调，只有当互动的个体建立了一个共同的框架和理解来支撑集体行动时，社会生活才有可能实现。基于先前的定义，Scott 进一步把制度环境和技术环境看作是强弱状态的变量，并据此绘制了涵盖不同部门和组织的四象限定位图（图 3.2）。

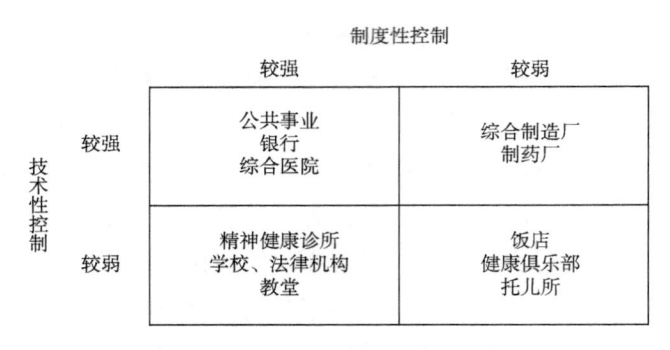

	制度性控制	
	较强	较弱
技术性控制 较强	公共事业 银行 综合医院	综合制造厂 制药厂
技术性控制 较弱	精神健康诊所 学校、法律机构 教堂	饭店 健康俱乐部 托儿所

图 3.2　组织的技术与制度环境分析

2. 新制度理论的主要内容

组织社会学的新制度理论吸收了人类学和心理学等多个学科的知识，并结合现象学等对认知与文化进行探讨，从而发生了研究范式的新改变。新制度理论具有几个显著特性：一是拓宽了制度定义的含义。在新的制度理论框架下，制度被定义为三大核心元素：组织规范性要素、组织规制性要素和文化认知性要素。二是明确制度环境的核心地位。新的制度理论指出，制度环境对组织的结构有着显著的影响。基于三要素框架，新制度理论研究者研究了制度对组织结构影响的若干形式，如组织的强迫接受、组织结构合法授权、组织结构融合。三是扩大了组织环境的内涵。传统的制度性理论主要是围绕组织所在的社群背景来展开的。新的制度理论在描述组织环境时，超越了地理限制，认为组织在本质上是其所处环境的一部分。组织机构受到制度环境的结构性影响，并且不同的制度环境对其产生的影响各不相同。四是这为组织的分析提供了更多的维度。五是在组织社会学的新制度理论中，突出和重视认知结构与文化结构而不是标准体系是其突出的特点。

从宏观角度看，新制度主义被视为一个研究理论的总体名称，涵盖了多个不同的流派。目前，美国学者豪尔（Peter A. Hall）和泰勒（Rosemary C. R. Taylor）在1996年发表的《政治科学和三个新制度主义流派》文章中，提出了一个被广泛认可的分类方法，即三分法。他们认为新制度主义涵盖了理性选择制度主义、历史制度主义以及社会学制度主义这三大流派。各种分类方法汇总如表3.1所示。

表3.1 新制度主义理论的各种分类方法

学者	分类方法	具体类别
Clark（1998）	两分法	以行动为中心的制度主义和以结构为基础的制度主义
Guy（1999）	七分法	规范制度主义、理性选择制度主义、历史制度主义、经验制度主义、社会学制度主义、利益代表制度主义和国际制度主义
Simon（2000）	四分法	再分配型制度、调节型制度、现代化制度、自由化制度
Rhodes（2008）	五分法	规范制度主义、理性选择制度主义、历史制度主义、建构制度主义和网络制度主义
Hall&Taylor（1996）	三分法	历史制度主义、理性选择制度主义和组织社会学制度主义

新的制度理论指出，组织的行为并不完全基于理性原则，在合法性的框架下，制度的传递导致组织采纳了一些被视为"理所当然"（take-for-granted）的行为模式。

3. 新制度理论对本研究的适用性

新制度理论之所以能够在基层教学组织研究中得到应用，主要有下面两个原因：第一，基层教学组织满足一般组织发展的规律，可以用制度理论进行解释。如为什么不同类型基层教学组织在组织目标、组织结构和组织职能等方面表现出很大的相似性？为什么效率不高的基层教学组织仍然会存在下去？为什么分权管理体制下的基层教学组织并没有出现无序状况？为什么学校间基层教学组织的模仿行为比较明显？第二，基层教学组织所处的环境呈现出较弱的技术性和较强的制度性特征。这与制度理论的分析范围是一致的。组织所处的生存环境既包括技术方面的环境，也涵盖了制度方面的环境。基层教学组织是在一个强大的制度背景和一个相对薄弱的技术背景下存在的，它们都受到社会制度背景的深刻影响和限制。相较于效率相关的因素，合法性在基层教育组织的生存和发展中起到了更为关键的角色。制度环境包括规则、规范和社会认知三个方面。规则对于基层教学组织的影响表现在于，它要符合政府颁布的法律和法规。规范对于基层教学组织的影响表现在于，它要符合学术规范，随着学术规范的建立，高等教育规模呈现加速度发展趋势。社会认知对基层教学组织的影响表现在于，当社会认知程度高（低）时，基层教学组织有更大（小）的发展空间和自由度，可以获得更多（少）的资源。

二、分析框架

（一）研究理论框架

基于协同理论、实践共同体理论和新制度主义理论，结合已有研究的文献综述构建本研究的理论框架，如图 3.3 所示。

图 3.3 展示了本研究的理论框架。本研究的核心问题是产教融合视域下应用型本科院校基层教学组织运行模式研究，研究对象是产教融合基层教学组织，主要从分析框架、组织现状、运行机制和影响因素四个方面对产教融合视域下应用型本科院校基层教学组织运行模式进行分析。在产教融合视域下应用型本科院校基层教学组织运行模式的分析框架方面，综合已有研究以及对基层教学组织内涵的分析界定，本研究认为产教融合视域下应用型本科院校基层教学组织运行模式主要关注共同目标、沟通方式、参与动力和保障条件四个方面。产教融合视域下应用型本科院校基层教学组织运行模式类型主要分为课程教学类、教学改革类和专业建设类三种类型。产教融合视域下应用型本科院校基层教学组织运行模式的影响因素为教师个体因素、组织因素和制度因素。本研究基于这一理论框架来开展研究工作，探讨当前产教融合视域下应用型本科院校基层教学组织运行模式。

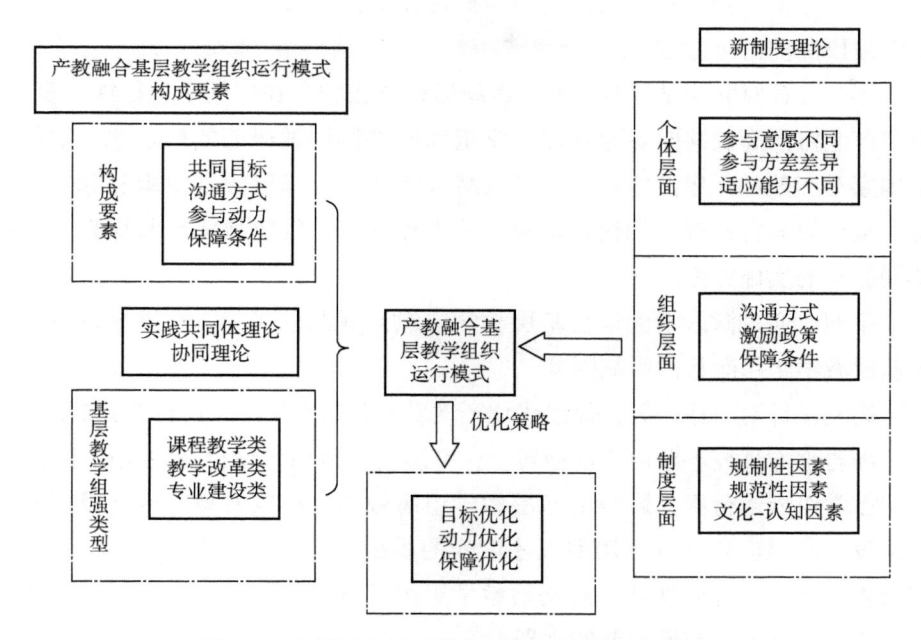

图 3.3　产教融合基层教学组织运行模式理论框架

围绕"产教融合视域下应用型本科院校基层教学组织运行模式研究"这一研究问题，本章将从研究思路、研究对象、研究资料收集与分析、研究信效度、研究伦理等几个方面对研究的整体设计规划进行介绍。

（二）研究技术路线

为了更清晰地呈现出本研究的研究思路，本研究对所采取的技术手段、具体步骤及每一步所要解决的问题方法进行可视化阐述，并将研究程序、操作技术、处理结果相组合构建了技术路线图，试图呈现本研究进程中诸多要素之间逻辑关系的闭环结构。本研究聚焦"产教融合视域下应用型本科院校基层教学组织运行的影响因素及提升策略"，本研究总体研究思路如下所示。

第一，通过调查法、案例研究法等，对应用型本科院校基层教学组织深入产教融合的意义与作用、基层教学组织运行的现状开展调查，在详细分析调查结果的基础上，为在应用型本科院校中开展产教融合教研的重要性与必要性提供理论支持。

第二，通过深入案例学校现场，与基层教学组织近距离接触，对案例学校的三个基层教学组织的现实状况展开调查，在前期总结案例学校开展基层

47

教学组织取得经验的基础上，进一步探讨在案例学校开展产教融合基层教学组织教研活动的可行性。

第三，针对案例学校基层教学组织运行过程中存在的问题进行深入反思。聚焦产业协同高校共同参与基层教学组织开展协同教研的实施过程，根据目前国家对产教融合建设的需要，以及结合案例学校基层教学组织实际运行状况，从产教融合的视角探讨、审视，并出台案例学校产教融合基层教学组织协同教研的实施方案。

第四，通过深入案例学校基层教学组织开展调查研究，探寻分析案例学校基层教学组织运行的影响因素。

第五，针对上述问题，提出优化产教融合基层教学组织运行的策略。

随着地方高校不断向应用型转型，基层教学组织建设也随之发生了变化，基层教学组织运行不仅影响着基层教学组织效能，影响着教师专业发展和课程建设，同时也影响着应用型人才培养的质量。因此，考察应用型本科院校基层教学组织运行的现状，对基层教学组织运行的困境、深入分析其产生原因、制定行动方案有着重要的意义。

三、研究对象

（一）案例院校的选取

1. 案例院校的选取缘由

本研究选取T学院的三个基层教学组织作为研究对象，主要从客观和主观两个维度的"三个方面"进行考量。

（1）T学院的自身客观条件与本研究问题之间具有高度契合度。

本研究选择的案例学校研究主题必然与研究议题紧密相连，所有议题都是以"应用型本科院校产教融合基层教学组织运行"为核心进行的展开分析。因此，是否为应用型本科院校所必需，是否有进行教研的愿望就成为研究中样本个案选取的首要前提。T学院作为应用型本科院校在地方教研上是其应尽的职责和义务，且实际上该校已通过教研活动的开展显示了积极的愿望。而且，研究旨在以产教融合为主的基层教学组织活动作为"媒介"，达到产教的深度融合，所以是否有此类活动以及活动发生频率之多寡就成为样本个案选取时不得不考量的一个条件。T学院有着发展校企合作、校校合作等历史，尤其是近几年举办的"双百双进"工作，显示出 T 学院具备发展产教融合的基础。研究不但对所选研究对象的现实样态进行静态观察，而且也通过行动研究来转变现实样态以达到研究目的，所以是否有转变之必要与是否有转变之意愿就成了样本个案选取的另一条件。T 学院在多种现实因素的影响下进行的产教融合基层教学组织教研活动已经遇到了建设瓶颈，相关管理人员也认识到存在的问题，正在寻求解决办法，这说明 T 学院既存在着变革的现实需求，也需要迫切的解决策略。最后，T 学院地处偏远且远离省会城市，为地方经济社会发展作出了巨大贡献，也为本研究开展产教协同教研活动、寻找"主要信息提供者"提供了便利条件。

（2）T 学院在基层教学组织建设方面进行了富有成效的实践探索。

T 学院以应用型人才培养、改革基层教学组织建设模式为突破口，不断融入产教融合、师范类专业认证、教师教育振兴行动计划、全面提高人才培养能力等国家战略要求，学校积极开展研究与改革，形成了理性认识、创建了基层教学组织建设新模式。经过几年的实践探索，T 学院提升了教师实践能力，促进了教师专业发展，与院校协同建设获批教育部虚拟教研室建设试点 3 项，建设了省首批虚拟教研室 1 个，省黄大年教师团队 1 个，建设了实体基层教学组织 82 个、虚拟基层教学组织 26 个，获批国家与省级一流专业建设点 14 个，获国家与省级一流课程 18 门，获吉林省校企合作课程 1 门，建设校级应用课程 200 门，立项应用型教材 30 部。这些成果也得到了新闻媒体的广泛关注，多所应用型本科院校来校观摩学习。

2. 案例院校的选取标准

（1）符合地方高校双师型教师队伍建设的需要。

近十年来，中华人民共和国教育部持续推进地方本科院校转型发展，强调要始终坚定应用型人才培养这个根本定位，加快推进产教融合、校企合作。因此，在案例院校选取方面，重点考虑"三个转变"：一是从转型前主要关注学科和专业建设水平的提升，转向了转型后更加侧重于产教融合和校企合作的方向。在应用型人才培养方面，更多地强调与企业的融合和联合培养，其中包括一系列人才培养所需的硬件和软件支持。二是从转型前主要关注教师队伍的学术能力提升，转向转型后更多地致力于"双师双能型"教师团队的建设和发展。三是从转型前主要侧重于专业教学的规范性和科学性，转向转型后更多地关注技能性和应用性方面的人才培养，同时也更加注重满足社会职业能力、岗位就业方向以及未来职业发展的需求。本研究选取的 T 学院，作为一所省属应用型本科院校，其人才培养总目标是：培养德、智、体、美、劳全面发展，富有社会责任感，具有扎实专业知识、较强实践能力、良好人文素养和一定创新创业能力，扎根基层、朴实敬业的基础教育优秀师资和应用型高级专门人才。

（2）符合地方经济社会发展对应用型人才培养的需要。

本研究专注于地方性本科院校与产业的合作机制，旨在推动产教融合的理论进展和实际应用，其目的不是检验既有校企合作理论的正确性与否，因此在具体案例的选择上既要求个案具备真实性、典型性、时代性、可辨性和多样性等独立特征，又要求所选取案例必须具备发展性、创新性和启发性，并用案例研究构建一个坚实、具备推广性和可验证性的校企合作新机制理论。可以说，T 学院是地方本科院校转型发展阶段的代表和缩影。

（二）研究对象的选取

选取 T 学院的三个基层教学组织为研究对象。案例 A、B、C 分别为课程教学类、教学改革类和专业建设类，选择这种类型主要有两个方面的原因：一是从国家政策层面出发，2021 年 7 月，教育部高等教育司发布《关于开展虚拟教研室试点建设工作的通知》中指出，以课程教学、专业建设和教学改革等进行分类探索新型基层教学组织体系；二是从 T 学院开展基层教学组织建设实际情况出发，T 学院一直以来非常重视基层教学组织建设，将基层教学组织分为专业建设类、课程教学类和教学改革类等类型进行分类建设，基于以上原因，选取这三类基层教学组织为对象开展研究工作。

（三）质性研究部分的研究对象

质性研究部分的研究对象取样于研究者所工作的 T 学院，分为预访谈对象和正式访谈对象，预访谈对象的访谈资料，用来建构应用型本科院校基层教学组织运行模式的问卷修订，正式访谈对象的访谈资料，用来探讨应用型本科院校基层教学组织运行模式的现状困境、运行过程和影响因素。

1. 预研究访谈对象

选取研究者工作的 T 学院的管理人员、基层教学组织负责人和普通专任教师为预访谈对象，在进行质性研究时，研究采用了目标导向的抽样方法，遵循为研究提供最大信息量与信息饱和的原则，采用滚雪球法选取 T 学院二级学院院长、教学院长、基层教学组织负责人和教师 10 人为研究对象进行访谈，访谈对象基本信息见表 3.2。预访谈对象收集到的访谈资料主要用来建构基层教学组织运行模式问卷的修订。

表 3.2 预访谈对象信息

序号	受访者编码	性别	年龄	职称	身份
1	GL001	女	54	教授	教学管理人员
2	GL002	男	42	副教授	教学管理人员
3	FZR003	女	41	副教授	基层教学组织负责人
4	FZR004	男	35	副教授	基层教学组织负责人
5	FZR005	女	42	副教授	基层教学组织负责人
6	FZR006	女	50	副教授	基层教学组织负责人
7	JS005	女	50	教授	高校教师
8	JS006	男	48	教授	高校教师
9	JS007	女	56	教授	高校教师
10	JS008	女	40	讲师	高校教师

2. 正式研究访谈对象

Morse 认为质性研究中 7 名对象为最小保证研究效果数量，Kuzel 认为在同质性被试中，7~8 名研究对象为可接受的数量，Creswell 认为扎根理论项目中 20~30 人合适。考虑到理论饱和的需要，本研究选取 27 人作为研究样本，达到了以上研究者对质性研究对象数量的界定要求，能支撑本研究的开展。本研究选取在 T 学院实地工作的 21 人和行业人员 6 人，共 27 人进行半结构式深度访谈。为了更好地呈现基于产教融合的应用型本科院校基层教学组织发生、发展和变化的运行过程，在研究对象选取时，本研究主要选取参与产教融合的基层教学组织活动的教师。

本研究遵循目的性抽样和最大差异抽样策略选取研究对象，采用滚雪球法进行抽样，力求预期样本对核心现象持多样化观点，所抽取样本尽量最大限度地覆盖研究对象中各种可能出现的情况。除了考虑研究对象的个人性别、参与产教融合基层教学组织的意愿等个人因素差异外，还考虑到不同类型基层教学组织类型的差异，在选取研究对象时要覆盖到不同类型的教师。包含课程教学类、教学改革类和专业建设类的基层教学组织。正式访谈对象基本情况如表 3.3 所示。

表 3.3　正式访谈对象信息

序号	受访者编码	性别	年龄	职称	身份
1	GL001	女	54	教授	教学管理人员
2	GL002	男	42	副教授	教学管理人员
3	GL003	女	40	副教授	教学管理人员
4	GL004	男	42	教授	教学管理人员
5	GL005	男	40	教授	教学管理人员
6	FZR001	女	27	助教	基层教学组织负责人
7	FZR002	女	27	助教	基层教学组织负责人
8	FZR003	女	41	副教授	基层教学组织负责人
9	FZR004	男	35	副教授	基层教学组织负责人
10	FZR005	女	42	副教授	基层教学组织负责人
11	FZR006	女	50	副教授	基层教学组织负责人
12	FZR007	女	28	助教	基层教学组织负责人
13	JS001	女	38	讲师	高校教师
14	JS002	女	30	讲师	高校教师
15	JS003	女	27	助教	高校教师
16	JS004	女	42	副教授	高校教师
17	JS005	女	50	教授	高校教师
18	JS006	男	48	教授	高校教师
19	JS007	女	56	教授	高校教师
20	JS008	女	40	讲师	高校教师
21	JS009	男	42	副教授	高校教师
22	HY001	女	40	中教高级	中学教师
23	HY002	女	42	中教高级	中学教师
24	HY003	女	53	中教高级	教研员
25	HY004	女	42	中教二级	小学教师
26	HY005	男	43	实验师	企业人员
27	HY006	女	32	实验师	企业人员

正式访谈对象收集到的访谈资料，主要用来探讨基层教学组织运行模式的现状、运行过程和影响因素。

（四）量化研究部分的研究对象

问卷调查部分分为预测问卷调查对象和正式问卷调查对象两部分，预测问卷调查数据主要用来进行基层教学组织运行模式问卷的探索性因素分析；正式问卷调查数据主要用来对基层教学组织运行模式的现状分析。

1. 预测问卷调查对象

从T学院按学科专业选取5个二级学院的教师，以二级学院为单位发放问卷，通过问卷星方式发放链接，参与答题108人，共回收有效问卷97份，有效率为89.81%。其中男生19人，女生78人。此部分数据用于修订问卷结构的探索性因素分析。

2. 正式问卷调查对象

以T学院为取样院校的19个二级学院为样本，这19个二级学院的基层教学组织都有行业人员参与活动。参与答题教师共422人，共回收有效问卷366份，有效率为86.73%。此部分数据用于问卷基层教学组织运行模式的现状分析。样本特征分布见表3.4，样本分布特征基本反映了应用型本科院校基层教学组织的人口学变量分布特征，具有一定的代表性。

表3.4 被调查对象详细信息一览表

统计变量	选项	频数	百分比/%
性别	男	112	30.60
	女	254	69.40
学位	学士	26	7.10
	硕士	269	73.50
	博士	71	19.40
职称	正高级	61	16.67
	副高级	128	34.97
	中级	102	27.87
	初级	75	20.49

续表

统计变量	选项	频数	百分比/%
学科	法学	35	9.56
	工学	29	7.92
	教育学	51	13.93
	医学	11	3.01
	文学	66	18.03
	历史学	10	2.73
	理学	81	22.13
	管理学	28	7.65
	艺术学	55	15.03
合计		366	100.00

四、研究方法

(一) 研究范式

1. 方法论

方法论涉及人们在进行认知和实践活动时所遵循的核心观点、基础前提和主要起点，讨论的是研究问题与方法的适切性及关系的问题，因此它是研究特定问题时选择数据收集和分析程序设计的依据。研究方法的选择与所采用的方法论紧密相关，而研究方法的选择也将决定具体的研究手段。方法论能为研究者提供所要解决问题的清晰逻辑框架和方法依据。

本研究试图系统地阐述基于产教融合的应用型本科院校基层教学组织运行模式问题，在研究之初采用定量和定性方法进行研究，通过对教师访谈和问卷调查，旨在深入了解基于产教结合的应用型本科院校的基层教学组织的实际运行现状。接下来，我们将探讨基于产教结合的应用型本科院校的基层教学组织的运作模式。最终，我们探讨了产教结合的应用型本科院校基层教学组织的运作模式所受到的影响。针对不同问题在不同研究阶段混合使用定量和定性研究方法，既可以结合每种方法的优点，对研究对象有更广泛的了解，又有助于从其他方法中获得研究数据来补充定量或者定性研究方法，提高了来自单一方法的研究发现的可信性。

2. 混合研究

本项研究采用了量化研究与质性研究相融合的研究范式。量化研究旨在为基层教学组织提供一个全面的现状概览，而质性研究则专注于揭示样本在特定范围内与研究议题相关的独特特性，并对这些特性和发展方向进行深入的描述和解读。采用混合方法设计，试图用两种方法结合，以一种优势互补、劣势不重叠的方式来进行基层教学组织运行模式的研究，可以使用不同类型的数据来细化、增强或澄清，以达到不同来源资料的三角互证。定量研究来描述基层教学组织运行模式现状，定性研究来进一步详细地说明在普遍规律下的特殊性，及研究的案例学院中基层教学组织运行的具体过程。基层教学组织运行模式发展有着普遍的规律，但是对于基层教学组织个体来讲，其运行模式发生发展的过程又是在普遍规律上的个性发展，具有情境性和主观能动性。

混合研究方法体现在资料收集与资料分析部分。为了收集研究资料，我们主要采用了问卷调查、半结构化访谈以及非参与式的观察；在量化研究中分析资料的方法主要是数据统计分析法，在质性研究中分析资料的方法主要是类属分析法和情景分析法。

(二) 收集资料的方法

本研究采用问卷调查法和访谈法了解应用型本科院校基层教学组织的现状及运行情况，具体方法如下。

1. 问卷调查法

问卷调查是一种依赖于每位研究参与者进行自我陈述的数据收集手段，研究人员通过问卷的方式来收集参与者在思想、感觉、态度、信仰、价值观、感知、人格和行为意向等方面的详细信息。为了补充第一手分析资料，能够更好地呈现与本研究问题相关的实际样态，本研究采用了问卷调查法。在本研究中，为了更全面地了解T学院基层教学组织人员与行业发展实践的现状，掌握基层教学组织相关信息的一般情况，如教师来源、年龄结构、了解行业的途径、了解行业的程度等，本研究设计了《应用型本科院校基层教学组织运行情况调查问卷》，面向T学院专任教师发放问卷，通过问卷星发放问卷，采集支撑数据样本，并对回收有效数据进行统计分析，了解应用型本科院校基层教学组织行业状况及趋势，为行业人员参与基层教学组织建设困境的分析提供数据支撑。

正式问卷共有 21 道题目，分为共同目标、沟通方式、参与动力和保障条件 4 个维度，采用李克特 5 级量表方式进行计分，从完全不符合到完全符合，得分越高说明运行效果越好。经过探索性和验证性因素分析，问卷的内在一致性 Cronbacha 系数和分半信度系数均在 0.7 以上，问卷具有良好的信效度，可以作为测量基层教学组织运行的工具。

正式问卷包含两部分，第一部分为问卷题目；第二部分为调查对象的基本信息部分，主要包括：性别、年龄、学历、职称、所属专业、是否是基层教学组织负责人等问题。

调查时间为 2022 年 4—5 月，使用网络模式进行调查，网络调查可以限制参与者填写每道题，如果不填写则无法提交，有效保证了所收集的每一条数据都没有缺失值。另外为了保证问卷的填写质量，我们预先找了 10 名教师进行试答，发现答完所有题目至少需要 115 秒的时间。因此，答题时间小于 115 秒的视为无效问卷，在对回收问卷进行清理时，对答题时间小于 115 秒的问卷作为无效问卷进行处理。

2. 访谈调查法

访谈法是研究者向研究参与者提问而收集研究数据的一种方法。在本研究中，访谈法主要用来收集有关基层教学组织运行过程的个案资料。事先编制访谈提纲对选取的研究个案进行半结构化深度访谈，来对基层教学组织运行现状和影响因素以及形成过程进行深描。进入研究现场的方式为提前和受访者进行电话或微信沟通，告知研究目的、研究方式和研究伦理。待对方明确表示愿意接受访谈后，与对方正式建立研究关系，并和对方商定访谈时间、地点。采用一对一的方式对受访者进行深度访谈，以便后期研究资料的整理和分析，与受访沟通同意后进行全程录音。一次访谈时间 50~90 分钟，访谈完成后尽快把录音转换成文本，并让访谈对象进行核对和补充，以保证访谈结果的真实性和可靠性。

"访谈"是一种研究性交谈，是研究者通过与被研究者进行口头交流，达到收集第一手资料目的的研究方法。本研究所采用的是半结构式开放性访谈，针对受访对象了解基层教学组织行业实践的途径、程度等相关内容进行访谈以及他们对行业参与基层教学组织活动的意见和期许。通过访谈，研究者与被研究者能够达到"主体间性"的关系，研究双方彼此互动、相互构成、共同理解，有利于达到"视域融合"。为做好研究工作，研究者根据研究对象特征制定了不同的访谈提纲，分别访谈了T学院的教学管理人员、基层教学组织负责人及成员、企事业单位人员、地方教育行政部门工作人员，形成访谈文稿。

伦理学问题存在于访谈研究的各个环节，访谈为受访者创造一个自由、安全的谈论自己观点的情境，而这些观点将被记录下来以备随后的公开使用，尽可能地保持访谈员对感兴趣知识的关注和对受访者的道德尊重之间的平衡。

在教育相关研究中，研究者与研究对象之间极易在时间上呈现高度片段化特征，虽然研究对象很愿意参与进某个研究，但研究也不该是对研究对象耐心的测试。而且在这样一个十分注重自我隐私保护的现实社会中，研究者多方面、多层次、多范围的频繁接触研究对象会限制和封闭参与式观察。所以，这个限制的存在使研究者将深度访谈作为一种技巧来对待，这对于本研究主题来讲是十分适用的。因为学校与社区合作的开展形式与学校的日常教学常态不同，是属于间断性的、局部性或整体性的，是在学校或社区中开展的，属于比较特殊的教育与社会现象。

本研究以T学院的3个基层教学组织为例，在研究过程中，依据抽样的目的性和方便性原则，选择了9位专任教师、5位教学管理人员、7位基层教学组织负责人和6位行业人员作为研究的访谈对象。校内的21位受访对象分别为不同的学科专业、不同的职称、不同年龄段。

在整个研究过程中，对上述27位访谈对象开展了45次访谈，在与每位访谈对象作第一次正式访谈时，分别向他们说明研究的问题、目的和方法，并签署《知情同意书》，告知他们后续可能还会就一些话题对他们进行正式或非正式访谈，如线上会议、电话访谈等。对与校内外其他教师或管理人员在非正式场合交流中获取的相关信息，事后都及时记录并整理。通过对收集来的各类访谈资料进行编码和分析，尽可能得出客观的研究结论。

本研究的问题是关于产教融合视域下应用型本科院校基层教学组织模式及其运行分析，旨在分析产教融合基层教学组织的生成，产教融合基层教学组织模式的内涵和特征，构成要素是什么，产教融合基层教学组织模式如何运行等。本研究最终目标是在产教融合的视域下，为应用型本科院校的基层教学组织的运行和实施提供有力的参考。因此，本研究综合运用了上述研究方法，旨在最大程度地实现研究目标。

3. 非参与观察法

观察法不仅是本次研究资料收集过程中的逻辑出发点，同时也是获取数据的主要手段。观察不仅是人们了解外部世界的基础手段，同时也是进行科学探索的关键途径。观察可以细分为日常生活中的观察和作为科学研究工具的两种观察方法。在科学研究领域，观察是指研究人员有明确目标和计划的行为，而在质性研究中，观察方法被归类为这一类。在质性研究中，观察可以为研究者提供第一手的真实资料。如果我们想了解基层教学组织运行过程中，如何开展讨论的，讨论的程度等内容，就需要对基层教学组织运行的过程进行观察，才能更明确地了解行动与具体情境间的意义关系。

本研究采用非参与观察法，主要强调行业人员与基层教学组织开展教研活动的合作方式、合作内容，需要进入研究对象开展基层教学组织教研活动中去，观察基层教学组织成员之间的互动情况。观察法是人类认识自身所处世界的方法之一，也是高校教师开展教学研究活动的一种手段。观察法可以分为参与式观察和非参与式观察。

由于研究者的身份为教学管理人员，为了不影响基层教学组织活动的开展，本研究采用观察法中的非参与式观察。因基层教学组织活动都是线上开展，所以本文中的非参与式观察主要采取观看录像回放的形式，进入研究对象开展活动的场所，观察研究对象在开展基层教学组织活动过程中活动主题的确定、冲突处理方式等，并做观察笔记，积累研究素材。本研究对 T 学院 3 个基层教学组织活动进行了观察，整个研究过程中一共对 3 个选择的案例做了 9 次观察，并做了观察笔记和小结。观察笔记应用叙兹曼和斯特劳斯提出的实地笔记、个人笔记、方法笔记和理论笔记四栏记录格式，并分别记录观察资料。在研究过程中，产教融合基层教学组织教研活动都是通过线上会议进行的，我们对 3 个案例进行了 9 次非参与观察，透过屏幕观察他们开展基层教学组织活动的目标确定、沟通方式、沟通的内容、参与积极性、感知活动的效度，撰写了详细的观察笔记，记录观察到的事实和相应的解释和分析，为研究收集积累第一手资料。

4. 案例研究法

案例研究法（case study）是一种对某一具有代表性的个体或群体进行全面、深入、系统的考察方法，基于此进行数据的收集、分析，并逐步得出相关的结论。本研究以 T 大学为案例研究对象，该校于 2020 年获批"吉林省特色高水平应用型本科院校建设高校",在产教融合方面具有一定的代表性。在这一过程中,研究者深入了解案例基层教学组织的基本概况,熟悉了基层教学组织运行模式。同时也对 T 学院的学校管理人员、基层教学组织负责人、基层教学组织成员和产业人员进行深度的沟通、接触与交流,了解基层教学组织参与人员对于产教融合基层教学组织的意见和建议,搜集到了关于产教融合基层教学组织运行的大量资料,为本研究工作奠定了坚实基础。

结合本研究的目的,选择 T 学院基层教学组织 3 种不同类型基层教学组织试点建设项目为典型案例,通过深入分析,深入了解应用型本科院校的基层教学组织的实际运行,收集大量的"第一手"信息,展示了其运作模式的流程和原理,并通过对 3 个代表性案例的比较分析,概括了其运行模式的独特之处,分析影响基层教学组织运行的因素。

(三) 资料分析的方法

1. 量化研究数据统计分析法

对所获得的问卷调查数据,采用 SPSS 22.0 软件进行统计处理。主要用到的统计方法有描述统计和信度分析等统计方法。

2. 质性研究数据的分析方法

本研究在具体开展研究过程中,首先对所有的访谈录音进行逐字转录,并借助 NVivo(NVivo 12plus)逐一进行编码。编码指的是对访谈资料根据多个分类标准进行归纳总结,它是一个从访谈资料中逐渐提炼概念的过程,即用简短的词组或词语来概括访谈资料中的人物、事件、概念和主题等。在资料分析的过程中,研究者经常反复品读访谈资料,以得到有意义的研究内容。

在进行深度访谈之后,关键的步骤包括对收集到的所有资料进行整理、转录、编码和分析,所以研究者会多次仔细阅读这些转录的访谈内容。研究者一是需要确认、聆听和观察访谈对象的"发声",并在转录的文本中寻找与访谈对象相关的术语或其他类似的"发声";二是需要扩大观察的深度和范围,试图揭示这些"发声"背后的原因和假设,而之前的文献回顾和文化反思也是这些"发声"背后的理由和假设的基础;三是进行比较,即阅读了这些访谈对象的转录文本后,对所获得的信息进行对比,发现其内在联系与区别;四是主题选择与归类,将转录文本从文化范畴转化为分析范畴,即将访谈对象个体的观点与感受转化为访谈对象整体的行动与思维的性质,总结与分析出影响因素与存在的共性问题。

另外，研究者会根据 3 个基层教学组织活动进行非参与式观察，然后以个案分析的形式呈现出来。个案调研可以弥补访谈的事实偏差，通过案例研究，可以对应用型本科院校产教融合基层教学组织运行的细节、整体、因素进行非常细致的观察和记录，有助于发现和理解合作的目的与内涵，这与参与式观察有异曲同工之妙。为了避免理解本身变成不可能的使命，理解的一方既不应舍弃自己的理解角度，又应从被理解的角度去理解其行为。

对于正式访谈资料，首先对原始资料进行整理编码。经过近三个月的访谈，本研究共得到 27 份录音资料，每份录音资料的时长在 50~90 分钟，然后把录音资料转录为文本资料，共计 70.7 万余字。以"身份的第 1 个字母+序号"的组合形式进行编码。例如 FZR001，代表身份是基层教学组织负责人，第 1 位访谈者。在行文时为了表述方便，涉及对访谈对象个体进行描述时统一使用访谈顺序代号来代替，比如 FZR01。引用访谈原始资料时，在引文后用括号注明访谈资料的编号，并且把引用文本字体设置为楷体。比如"引文内容（FZR01）"，表示该段引文是来自 FZR01 教师的访谈资料的原文内容。整理完成后的数据采用类属分析与情景分析相结合的方式对文本资料进行分析。

类属分析是在资料中寻找重复出现的现象以及可以解释这些现象的重要概念过程。在这项研究里，类属分析主要被应用于个案研究中的访谈数据分析。通过对这些访谈文本资料进行细致的整理和比较，本研究确定了影响基层教学组织运营的各种因素，以及在这一过程中普遍存在的问题和分类。情景分析的方法是将研究材料置于研究事件所处的实际背景中，并根据事件发生的先后顺序进行深入分析。这种方法强调对事件进程的整体和动态展示，并着重于将研究材料串联成一个关键的叙事结构线索。在本研究中情景分析主要用于对个案访谈资料的分析，来寻找基层教学组织运行过程中的情感故事线，以求更真实、生动地展开其在基层教学组织运行过程中的心路历程。

五、研究伦理

在质性研究中研究者与被研究者的关系对研究有着重要的影响，因此开展研究工作的伦理规范问题是质性研究中不可回避的问题，认真遵守研究中的伦理道德原则可以使研究人员更加严谨地开展研究工作，根据陈向明的观点，在质性研究中需要遵守以下原则。

（一）自愿不隐蔽原则

访谈工作可以顺利开展，并且受访者没有顾忌、敞开心扉地表达自己观点的前提是双方的关系建立。因为研究者是T学院的老师，所以在和受访者进行联系时首先告知自己的身份以及研究目的，在全面征得研究对象的同意后再进行访谈，并且明确告知研究对象，所收集到的资料仅供学术研究使用，如果需要发表一定会提前征得对方同意，让研究对象在充满安全感的前提下进行访谈。

（二）尊重个人隐私和保密原则

在这项研究开始之前，研究人员需要主动地向参与访谈的人保证，他们的访谈内容将被严格保密，并承诺在任何情况下都不会透露受访者的姓名和身份信息。所有与受访者相关的信息都应经过匿名化处理，并在必要情况下删除敏感信息。

（三）公正合理原则

在处理受访者和收集的数据资料时，研究者和受访者之间的关系以及研究者的研究成果应当被"合理"地处理。在访谈中尊重每一位受访者的文化及风俗习惯，合理处理与受访者的关系，不对其在接受访谈中的行为进行指手画脚，并承诺受访对象如果觉得不舒服可以根据实际情况随时退出研究。尊重收集到的每一份原始资料，在资料分析尽可能做到中立，不作价值判断，实事求是地进行资料分析。

（四）公平回报原则

由于受访对象主要是学校教师和部分产业人员，时间比较宝贵，而参与研究的访谈需要耗费一定的精力和时间。因此访谈结束后研究者会在合理的范围给予对方适当的小礼物或精神回报以表示感谢，不让对方在参与研究过程中产生"被剥夺感"。整体而言，作为拥有"特权"的研究人员，在进行研究活动时，应当谨慎地行使权利，以避免对被研究者造成任何形式的伤害，或者更准确地说，确保他们没有受到任何损害。

第四章　产教融合基层教学组织运行现状的调查分析

调查研究是基础，是理论与实践有机融合的前提，更是提供真实可行供给侧优化方案的基石。本章研究以问卷调查和访谈调查相结合的研究方法，梳理基于产教融合的应用型本科院校基层教学组织运行模式中的共同目标、沟通方式、参与动力和保障条件的实然现状，厘清产教融合基层教学组织运行存在的问题并分析根源。

一、调查设计与实施

(一) 调查目的

本次调研的主要目的是能够深入了解在当前国情之下案例学校基层教学组织运行的现实状况，即产教融合基层教学组织的合作意愿、合作方式与动机。在这一过程中，基层教学组织各主体承担了何种责任，履行了何种义务，是否达到了合作的预期目标，利益是否得到了实现和满足。具体而言，产教融合基层教学组织运行现状分析可以进一步分解为以下四个调查内容。

其一，产教融合基层教学组织的目标运行现状。即当前基层教学组织是否了解行业情况，了解行业的途径，教师的课程与产业融合情况如何。

其二，产教融合基层教学组织的沟通方式现状。即当前基层教学组织建设情况，交流的方式为何，在合作过程中交流得是否充分，交流的内容是否有利于基层教学组织建设目标的实现，交流频次如何，基层教学组织建设效果如何，学校是否采取了适当的措施来加强合作意愿和交流内容。

其三，产教融合基层教学组织的参与动力现状。即产业是否有必要参与基层教学组织活动，参与的积极性如何。

其四，产教融合基层教学组织的保障条件现状。即当前基层教学组织是否建立了沟通机制，是否建立了激励机制和保障机制。

（二）调查过程

1. 调查安排

本次调查在 T 学院认真有序地展开了基层教学组织运行的问卷调查，并进行了半结构化访谈。调查工作大致分为四个阶段进行：第一时间段是 2021 年 7—9 月，主要制订设计调查方案、确定研究工具。第二时间段是 2021 年 10—11 月，主要是进行预调查研究，并根据预调查来修订调查工具。第三时间段是 2022 年 3—5 月，是正式的调查过程。第四阶段是 2022 年 6—12 月，主要工作任务为分析数据，形成调研分析结果。

2. 调查方法

为能确实掌握基层教学组织的运行现状，本研究主要使用问卷调查法和访谈调查法，考虑到这两种方式的利弊而使用这两种方式相结合的方法。

一方面，问卷调查法属于结构化调查。故该调查方法优势集中表现为问卷调查结果易于量化，省时、省资金、省工，易于统计与分析且可开展大范围样本调查。

另一方面，访谈调查法能够弥补问卷调查法存在的不足，通过访谈能够了解受访者对所研究问题的内心想法和真实感受，并且搜集到的资料数据也比问卷调查法更有深度，更加多样。

为此，本研究就是在充分考虑这两种研究方法利弊的情况下，使用这两种研究方法相互配合进行研究，采用问卷调查法从面上了解产教融合基层教学组织整体运行的大致情况，进而采用访谈法从点上洞察产教融合基层教学组织的具体运行情况，以点带面最终如实反映出产教融合基层教学组织的实际运行情况。

（三）调查工具

1. 问卷调查

问卷调查方法是一种预先为研究主题设计了一系列问题，并通过书面方式收集被调查者的反馈，随后对收集到的问卷进行全面的统计分析，以获取相关研究成果的调查方法。本项研究基于之前分析得出的基层教学组织的理论框架，编制了一份调查问卷。

（1）问卷编制。

本研究借鉴已有问卷予以修改和调整，使现有测量题项更加符合本研究情境。本研究问卷主要参照朱晓雯、徐旦、贾文胜等学者提出的进行适应性调整编制而成，共设计了 27 个题项。调查问卷共有三个部分，共设置了 27 道题，第一部分为基本信息，主要包括性别、年龄、学位、职称、所在学科、所属规模和类型；第二部分为基层教学组织运行情况，主要从建设情况、了解行业情况、运行机制和需求情况四个维度展开，围绕每个维度多侧面地设计具体问题，对基层教学组织四个维度的建设和存在问题进行了解和诊断；第三部分为开放题。

（2）问卷结构。

本研究设计的调查问卷结构主要包括两部分：基本信息和问卷题目，问卷结构如图 4.1 所示。

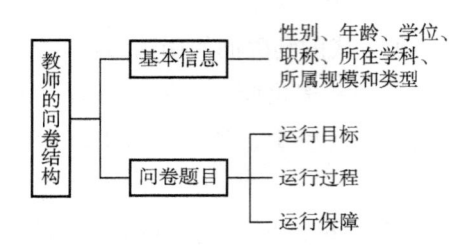

图 4.1　应用型本科院校基层教学组织问卷结构

应用型本科院校基层教学组织问卷的基本信息包括：性别、年龄、学位、职称、所在学科、基层教学组织规模和基层教学组织所属类型等基本情况。问卷题目包括应用型本科院校基层教学组织的运行目标、运行过程和运行保障三个一级维度，其中运行目标维度包括教师了解行业企业的需求，运行过程维度包括参与的积极性、参与的内容，运行保障维度包括政策保障、条件保障和人员保障，共计 27 道题目。

（3）问卷检测。

第一，问卷信度。本次数据共涉及三个维度，分别是 A、B 和 C 维度，使用 Cronbach α 系数进行测量数据的信度水平。α 系数值大于 0.8，则说明该部分信度高；α 系数介于 0.7~0.8，则说明该部分信度较好；α 系数介于 0.6~0.7，则说明该部分信度是可以接受的；α 系数小于 0.6，则说明该部分信度不好。A、B、C 三个维度的 α 系数值均高于 0.7，最小为 0.730，进而说明本次数据的信度质量水平较高，本研究数据是真实可靠的。

第二，问卷效度。在实施调查研究前，预先考量了多份应用型本科院校基层教学组织运行的相关调查问卷，根据研究学科专家、专任教师意见进行反复修改，咨询专家总计 10 人，包括十年以上高校教学管理人员、基层教学组织专家 5 人、基础教育名师 5 人、行业人员 2 人，且对专家的权威性、代表性和区域都有所考虑。

因此，本研究从五个城市选取 10 名具有丰富的理论水平和实践经验的学者专家。经过和专家进行几轮交流咨询，修改完善后，每个问题都能够指向调查目标。《应用型本科院校基层教学组织运行调查问卷》开发完毕之后，在 T 学院使用问卷星进行调查，回收问卷 98 份，有效问卷为 86 份，有效回收率达 87.76%。

根据初始调查数据，对项目进行分析。对两个分问卷高低分组进行独立样本 T 检验，求出断决值。项目分析结果如表 4.1 所示。

表 4.1　独立样本 T 检验

题号	T	P
Q1	1.506	0.015
Q2	1.305	0.026
Q3	1.170	0.027
Q4	1.574	0.033
Q5	1.188	0.016
Q6	1.854	0.028
Q7	1.643	0.021
Q8	1.266	0.018
Q9	1.445	0.027
Q10	1.795	0.017
Q11	1.673	0.002
Q12	1.243	0.006
Q13	1.573	0.037
Q14	1.829	0.007
Q15	1.673	0.052

续表

题号	T	P
Q16	1.620	0.004
Q17	1.753	0.018
Q18	1.472	0.025
Q19	1.830	0.016

如表 4.1 所示，在 95% 的置信区间内，调查问卷数量共 19 个项目，P 值没有超过 0.05。研究者对《应用型本科院校基层教学组织运行调查问卷》进行了题项与总水平的进行相关分析，如表 4.2 所示。

表 4.2　项目与总水平的相关分析

题号	R	P
Q1	0.256	0.020
Q2	0.421	0.024
Q3	0.435	0.000
Q4	0.413	0.007
Q5	0.056	0.019
Q6	0.433	0.023
Q7	0.467	0.028
Q8	0.412	0.014
Q9	0.430	0.014
Q10	0.453	0.026
Q11	0.436	0.009
Q12	0.263	0.001
Q13	0.432	0.005
Q14	0.457	0.011
Q15	0.420	0.043
Q16	0.413	0.002

续表

题号	R	P
Q17	0.506	0.007
Q18	0.421	0.011
Q19	0.258	0.015

克隆巴赫阿尔法系数是检验信度的重要指标，α 系数介于 0~1，一般认为，α 系数应至少不小于 0.5，如果 α 系数大于 0.7 则被认为理想。对《应用型本科院校基层教学组织运行调查问卷》的各维度进行信度分析，得到结果如表 4.3 所示。结构效度测量数据如表所示，KMO 值在 0.8 以上，说明问卷结构效度较好。

表 4.3　KMO 和 Bartlett 检验

KMO 和 Bartlett 的检验		
KMO 值		0.882
Bartlett 球形度检验	近似卡方	628.495
	df	28
	P 值	0.000

（4）问卷调查对象。

在问卷调查对象的选择上，选择 T 学院作为调查对象，通过问卷星发放问卷，回收问卷 422 份，有效问卷 366 份，有效回收率为 86.7%，被调查对象具体信息详见表 4.4。

表 4.4　被调查对象详细信息一览表

统计变量	选项	频数	百分比/%
性别	男	112	30.60
	女	254	69.40
学位	学士	26	7.10
	硕士	269	73.50
	博士	71	19.40

续表

统计变量	选项	频数	百分比/%
职称	正高级	61	16.67
	副高级	128	34.97
	中级	102	27.87
	初级	75	20.49
学科	法学	35	9.56
	工学	29	7.92
	教育学	51	13.93
	医学	11	3.01
	文学	66	18.03
	历史学	10	2.73
	理学	81	22.13
	管理学	28	7.65
	艺术学	55	15.03
合计		366	100.00

2. 访谈调查

访谈研究法是质性研究中一种十分重要的方法。访谈中的研究者要把访谈作为一种"言语事件",不能停留在问题表面上,而是应主动对言语事件进行分析、归纳和研究,解释和建构言语事件的意义,从而揭示出深层次含义。社会研究主要采用四种类型的访谈:结构式访谈、半结构式访谈、非结构式访谈以及群体访谈。本研究根据访谈对象的不同设计了四种类型访谈提纲,分为学校管理人员版、基层教学组织负责人版、基层教学组织成员版和产业人员版(访谈提纲详见附录)。

(1)访谈设计。

根据研究需要,在对高校教师问卷调研的基础上,开发了针对行业人员的《基层教学组织访谈提纲(行业人员版)》、针对学校管理人员的《基层教学组织访谈提纲(教学管理人员版)》、针对基层教学组织成员的《基层教学组织访谈提纲(教师版)》和针对应用型本科院校基层教学组织负责人的《基层教学组织访谈提纲(负责人版)》。

"效度"是社会科学研究中用来衡量研究结果是否可靠的概念,不同于量化研究中的效度,质性研究中判断某一表述有效时,并不是说这一表述是对该研究现象唯一正确的表述,只是这一表述比其他表述更为合理,而表述的合理性不仅指该研究使用的方法有效,也指对该结果的表述再现了研究过程中所有部分、方面、层次和环节之间的协调性、一致性和契合性。

(2) 访谈调查对象。

在访谈调研对象的选择上,不仅选择了案例学校不同身份的教师,也选择了产业人员进行访谈,具体的调研对象包括了案例学校的管理人员、基层教学组织负责人、产业中的人员。具体访谈人员的信息如表4.5所示。

表 4.5 访谈人员统计信息表

统计变量	选项	人数	占比/%
性别	男	7	25.93
	女	20	74.7
年龄	20~30	5	18.52
	30~40	7	25.93
	40~50	12	44.44
	50以上	3	11.11
身份	高校管理人员	5	18.52
	基层教学组织负责人	7	25.93
	高校教师	9	33.33
	行业人员	6	22.22
合计		27	100.00

本研究利用调查所获得的数据资料,结合文献资料,利用质性分析软件NVIVO12进行主题分析,并和研究人员进行交流与探讨,验证了相关分析数据的可信性。处理访谈资料时,也必须对其进行"信度"与"效度"的验证,这与进行量化分析是相似的。为了确保本研究的可靠性和有效性,我们在正式的访谈开始之前进行了初步的访谈,希望通过三角检验来核实访谈数据的真实性和一致性。

根据对T学院教学管理人员、基层教学组织负责人和基层教学组织成员的 5 名教师和 2 名行业人员进行的预访谈，我们初步了解应用型本科院校基层教学组织运行的目标、过程和保障。每次完成预访谈后，都要及时进行反思修订，完善修正访谈提纲，提高访谈技巧。通过充分查阅访谈对象的资料，清楚访谈对象的基本情况与相应问题，从而能保证访谈资料的有效性，为正式访谈做充分准备。

为了真实、客观地展现基层教学组织的实际运作情况，我们必须深入考虑在不同主体视角下的基层教学组织的实际运行情况。因为每个主体都有自己的利益需求，仅从一个主体的角度去观察基层教学组织的运作，可能会导致偏见，从而难以获取全面、客观和精确的信息。因此，在选择研究对象时，为了更全面和深入地掌握当前基层教学组织的运营状况，我们会优先考虑多个相关的利益方。

二、调查结果分析

本研究主要利用协同理论、实践共同体理论和新制度主义理论的分析框架，基于实证调查探索产教融合基层教学组织运行模式的影响因素和优化策略。基本猜想为：应用型本科院校基层教学组织的有效运行模式以协同理论为建设目标，以高效的实践共同体为基层教学组织运行过程的定位，以新制度主义理论保障基层教学组织有效运行。实际的发展现状究竟如何，通过问卷调查和访谈调查的结果对当前运行模式的现状进行分析。

（一）共同目标的现状分析

协同理论是基层教学组织运行的建设目标，主要包括建立共同的愿景、团队学习、改善心智、自我超越和系统思考。通过访谈与问卷发现，基层教学组织运行目标的困境主要表现为：基层教学组织需要与行业人员交流的平台，但是目前应用型本科院校提供平台的力度不够。调查结果分析如下。

1. 共同愿景的需求

本研究共回收有效问卷 366 份，从表 4.6 可知，认为开展产教融合基层教学组织"非常有必要"的人数为 168 人，比例为 45.90%。"比较有必要"的人数为 146 人，比例为 39.89%；"一般" 47 人，比例为 12.84%；"没有必要"的为 5 人，比例为 1.37%。由此可见，98.63%的人认为有必要开展行业人员参与基层教学组织活动。通过访谈也了解到以下情况。

"我觉得这个确实很有必要。因为你纸上谈兵,和实际行动是不一样的。你下去了,和你在纸上怎么讲,那可真不一样,比如说从来没到行业中、没到基层去过的老师,她从大学毕业,读研读博,然后到大学当老师,比如她在讲教育论这个课程要举例子的时候,那可能就是书本上找来的,没有亲身体验。那参加过的,比如说我是从中学来的,我不是说多么好,但是在我举例的时候,可能是我亲身经历的,这个感受和这个书本上讲的肯定是不一样的,而且我可能是不自主地提出来,或者说我随时随地就能讲到这个。学生的感受肯定也不一样。所以如果派到基层,老师会感同身受,那肯定不一样。"(JS007)

从表 4.6 可知,开展产教融合基层教学组织必要性选项中 45.90% 选择"非常有必要",另外"比较有必要"样本的比例是 39.89%。从参与的基层教学组织活动的积极性来看,选择中"非常愿意"相对较多,比例为 53.01%,"较愿意"样本的比例是 34.70%。通过统计结果可以看出,教师认为有必要开展产教融合基层教学组织,也非常愿意参加,说明教师的积极性比较高。

表 4.6　应用型本科院校基层教学组织对产业需求频数分析结果

统计变量	选项	频数	百分比/%	累积百分比/%
开展产教融合基层教学组织必要性	非常有必要	168	45.90	45.90
	比较有必要	146	39.89	85.79
	一般	47	12.84	98.63
	没有必要	5	1.37	100.00
参与产教融合基层教学组织意愿	非常愿意	194	53.01	53.01
	较愿意	127	34.70	87.70
	一般	43	11.75	99.45
	不愿意	2	0.55	100.00
合计		366	100.00	100.00

2. 融合情况现状

应用型本科院校基层教学组织与产业融合情况见表 4.7,可知,132 份样本为"部分教师很了解",比例是36.07%;另外129份样本为"大多数教师很了解",比例是35.25%;有71份样本为"大都了解不深",比例是19.4%。从表4.8可知,拟合优度检验呈现出显著性($X^2=46.922$,$P=0.000<0.05$),意味着各项的选择比例具有明显差异性,可通过响应率或普及率具体对比差异性。具体来看,指导实践教学、通过有行业人员参加的会议这两项的响应率和普及率明显较高,说明主要途径都是在指导学生实践教学和通过有行业人员参加的会议中获取。而通过行业人员参与学校教研活动来了解行业实践的响应率为10.78%。

表4.7 应用型本科院校基层教学组织与产业了解情况频数分析统计表

统计变量	选项	频数	百分比/%
	都很了解	30	8.20
	大多数教师很了解	129	35.25
对行业发展及行业实践情况的了解程度	部分教师很了解	132	36.07
	大都了解不深	71	19.40
	都了解不深	4	1.09
合计		366	100.00

表4.8 应用型本科院校基层教学组织了解行业途径统计表

了解行业途径	响应		普及率($n=366$)/%
	n	响应率/%	
指导实践教学	250	21.74	68.31
通过有行业人员参加的会议	221	19.22	60.38
阅读行业实践的研究资料	188	16.35	51.37
有行业人员的朋友	185	16.09	50.55
与在行业工作的毕业生交流	182	15.83	49.73
行业人员参与的教研活动	124	10.78	33.88
汇总	1150	100	314.21

注 拟合优度检验:$X^2=46.922$;$P=0.000$。

(二) 沟通方式的现状分析

1. 沟通方式

(1) 产业人员参与基层教学组织活动的方式。

应用型本科院校基层教学组织交流方式，通过使用卡方拟合优度检验来分析。从表 4.9 可知，拟合优度检验呈现出显著性（X^2 = 222.510，P = 0.000<0.05），表明各项方式均具有明显差异性。具体而言，行政安排与传达、行政例会、学术活动共 3 项的响应率和普及率明显较高，说明基层教学组织开展交流活动主要依靠强制性手段。从统计结果来看，自发组织活动的响应率比较低为 17.9，说明基层教学组织主动开展活动的积极性不高。学校应深入了解产生这些问题的原因，并制定相应的政策，提高主动开展基层教学组织活动的动力。

表 4.9 应用型本科院校基层教学组织交流方式统计

交流方式	响应		普及率（n=366）/%
	n	响应率/%	
行政安排与传达	214	24.71	58.47
行政例会	240	27.71	65.57
学术活动	247	28.52	67.49
自发组织活动	155	17.90	42.35
其他	10	1.15	2.73
汇总	866	100	236.61

注 拟合优度检验：X^2 = 222.510；P = 0.000。

(2) 产业人员参与基层教学组织活动频次。

应用型本科院校基层教学组织活动频次见表 4.10，可知，基层教学组织开展活动频次最多的每月 4 次，比例为 20.2%，"1~2 次/月"的比例为 50.00%，说明 70% 以上的基层教学组织每月可以开展基层教学组织活动，只有少数基层教学组织每年开展 1~2 次，针对这类情况，学校应找到存在问题的原因，提高基层教学组织活动开展的频次。

表 4.10　应用型本科院校基层教学组织活动频数分析统计表

统计变量	选项	频数	百分比/%	累积百分比/%
活动频次	1 次/周	74	20.22	20.22
	1~2 次/月	183	50.00	70.22
	1~2 次/学期	86	23.50	93.72
	1~2 次/年	14	3.83	97.54
	基本不开展	9	2.46	100.00
合计		366	100.0	100.0

2. 交流内容

应用型本科院校基层教学组织的有效运行，离不开基层教学组织成员的积极参与，更离不开基层教学组织活动的有效交流，交流内容应主要围绕专业建设、课程建设、教学改革等方面。从问卷调查的结果分析来看（图 4.2），选择课程建设的人数最多，为 312 人，比例为 86%；超过 50% 的选项有，专业建设和教学方法改进都占 74%，教学技能提升为 68%。从整体上来看，基层教学组织开展活动主要以课程建设、专业建设、教学方法改进等方式进行，但是对于应用型本科院校来讲，教材建设也同样重要，也应该在这方面进行加强。

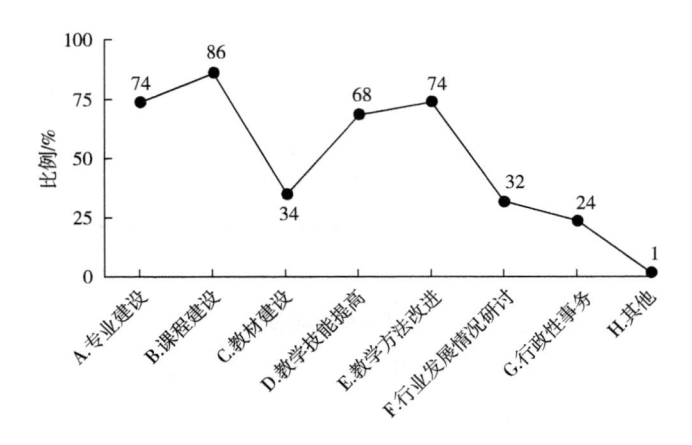

图中数据：A.专业建设 74，B.课程建设 86，C.教材建设 34，D.教学技能提高 68，E.教学方法改进 74，F.行业发展情况研讨 32，G.行政性事务 24，H.其他 1

图 4.2　应用型本科院校基层教学组织交流内容统计表

（三）参与动力的现状分析

使用卡方拟合优度检验进行分析各选题各选项选择比例分布是否均匀。

从表 4.11 可以看出，拟合优度检验呈现出显著性（$\chi^2 = 85.669$，$P = 0.000<0.05$），表明各项的选择比例具有明显差异性。具体而言，应用型课程开发的需要和应用型人才培养相关课题研究的需要共 2 项的响应率和普及率明显较高。

表 4.11 有行业人员参与活动的原因

选项	响应 n	响应率/%	普及率（$n=366$）/%
A. 应用型课程开发的需要	269	23.95	73.50
B. 应用型人才培养相关课题研究的需要	297	26.45	81.15
C. 指导实习和毕业论文等实践教学的需要	241	21.46	65.85
D. 院（部）发展的需要	196	17.45	53.55
E. 响应学校的政策	120	10.69	32.79
汇总	1123	100	306.83

注 拟合优度检验：$\chi^2 = 85.669$；$P = 0.000$。

上述问卷得到的行业人员参与基层教学组织教研的需求主要来自应用型人才培养相关课题研究、应用型课程开发、指导实习和毕业论文等实践教学的需要。为验证以上问卷结果，研究进一步对企业人力资源部门经理开展面对面的深度访谈。对于"您认为基层教学组织邀请行业人员参与活动的原因"，受访教师认为应用型本科院校要想培养应用型人才，自己首先要是应用型教师，也就是教师本身要了解行业，然后通过基层教学组织与行业人员协同教研。一是通过开发应用型课程，将课程教学目标与岗位职责相融合、教学内容与产业相融合；二是应用型人才培养相关课题研究的需要，主要是开展产学合作课题的研究，如其中理论课、实践课等相关内容的合作课题研究的需要；三是指导实习和毕业论文的需要，对学生的实习和毕业论文，通过双导师来达到学生学习和毕业论文指导的效果。通过访谈发现的结果与问卷调查的结果一致。

（四）保障条件的现状分析

从表 4.12 和表 4.13 可以得知，从激励机制来看，"正在建立，逐步完善"相对较多，比例为 60.93%。从组织建设过程中是否建立了保障机制来看，"仅仅有部分的保障措施，但还没形成体系"占比最高，为 57.92%，说明目前学校没有针对行业人员参与学校基层教学组织制定相应的政策。

表 4.12 应用型本科院校基层教学组织运行机制频数分析结果

名称	选项	频数	百分比/%	累积百分比/%
激励机制	没有建立	80	21.86	21.86
	正在建立，逐步完善	223	60.93	82.79
	已经建立科学合理的激励机制	25	6.83	89.62
	不清楚	38	10.38	100.00
保障机制	没有建立，基层教学组织活动很难保障	65	17.76	17.76
	仅仅有部分的保障措施，但还没形成体系	212	57.92	75.68
	已经建立了保障体系，基层教学组织效能较高	73	19.95	95.63
	其他	16	4.37	100.00
	合计	366	100.00	100.00

表 4.13 应用型本科院校基层教学组织运行机制的描述性分析表

名称	样本量	最小值	最大值	平均值	标准差	中位数
激励机制	366	1.000	4.000	2.057	0.837	2.000
保障机制	366	1.000	4.000	2.109	0.736	2.000

三、调查结果与讨论

通过调查研究并结合现状分析，得出结论：应用型本科院校基层教学组织的合作目标困境源于缺乏沟通交流的平台问题，具体表现为缺乏合作制度支持、合作动力不足等。究其原因，既有内部动力不足又有外部推力不够；既有理念缺失又有行动缺位。因此，探寻产教融合基层教学组织优化方案是解决基层教学组织运行失衡问题的根源。

（一）共同目标与沟通方式不协同：产教融合基层教学组织制度缺失

1. 政府支持性制度缺位，行业企业与基层教学组织合作关系薄弱

一个组织想要在其所处的社会环境中生存和繁荣，不仅需要物质资源和技术信息，还必须得到外部力量的支持，尤其需要获得社会的认同、接纳和信赖。制度在社会发展中是组织建设的坚强保证。20 世纪 80 年代开始，新制度经济学与制度分析思潮的崛起，揭示出"制度是至关重要的"与"制度可供分析"两条常识。制度确实非常重要，脱离它，全社会都不能正常运行和发展。对于大学向应用型本科院校转变的进程而言，基层教学组织也应与学校改革发展相适应，而变革作为结构性变革，其核心部分是制度变革。教育转型进程中最明显的改变体现在教育制度变革。地方高校的转型发展不仅是中国高等教育结构调整与中国高等教育体系竞争力提升的内在规律的需要，更是中国经济结构转型与社会持续发展中的一项重要战略举措。地方高校转型发展是一项系统工程，各级政府尤其是地方政府不仅要及时转变教育行政管理观念，更需要将其上升到地方经济和社会可持续发展的战略高度来对待，它不单单是教育系统内部的一项改革，更是造福地方百姓的千秋基业。经济因素对社会存续所具有的生死攸关的重要性排除了任何其他的可能结果。因为一旦经济体系通过分立的、以特定动机为基础并被授予特殊地位的制度来运转，社会就必须以使该体系得以根据自身的法则运转的方式来形塑自身。事实上，这也正是当下普通高校向应用型转型的困境所在。

W. Richard Scott 指出，制度包括为社会生活提供稳定性和意义的规制性、规范性和文化—认知性要素，以及相关的活动与资源。应用型本科院校基层教学组织和行业合作制度的改进和完善，是一个复杂的社会系统工程，它和其他制度相互联系，相互影响。从系统论的角度分析，相关制度只有有机地结合在一起并构成一个整体，即实现相互匹配，才有可能使合作各方获得最佳效益。然而，现实中应用型本科院校与行业合作制度相关的沟通机制、动力机制和激励机制等都不完善，很大程度影响了基层教学组织与行业人员合作的效果。这些配套制度是基层教学组织与行业人员合作制度的最基本的制度，只有得到制订和持续完善，才能更好地推动基层教学组织与行业人员的合作，才能形成行政力量支持的合作，从而为教师提供丰富的途径了解行业发展。例如：

"我们教法教研室负责指导学生实习的老师，对于中小学的整体情况相对来说还是比较了解的。因为他们在实习指导期间可以直接地、面对面地和这些实习所在学校的老师进行一些交流和沟通，一方面了解学生的整体实习情况，另一方面也对整体行业发展的现状有一个了解。我们聘请一些老师过来给我们做一些讲座，在这个时候可能会有一些更多的交流，但是其他的途径

相对来说比较少。"（FZR003）

2. 高校激励性政策较少，基层教学组织缺乏与行业人员交流的内生动力

从表面上看，基层教学组织与行业人员缺少交流，不了解行业实践和行业发展动态；但从实质上看，基层教学组织缺乏与行业人员沟通的内生动力。所以，从基层教学组织与行业人员交流的困境的生成机制和发展演变的本质过程来看，基层教学组织与行业人员合作与政策激励的关联最为密切。政策激励是基层教学组织与行业人员合作交流的物质基础。

从利益相关者的视角分析，自高校转型发展以来，产教融合内在动力、理论与实践都在于应用型本科院校的发展，进而由其推动行业的发展。从这一视角展开分析，虽然高校与行业的管理体制、运行方式、规章制度等方面存在着本质差异，但是都属于组织范畴。高校属于行业又独立于行业，从学校认知角度来讲，高校与行业的合作有着不同的内涵，双方各自的人力、目的和理念也有所不同，很难达成一致性合作的运行机制。因此，基层教学组织与行业人员的合作推动力主要来自地方政府为高校与行业搭建的平台。在调查中我们也发现，很多老师认为缺乏与行业人员交流的动力，没有相关的政策支持，这也是目前基层教学组织与行业交流少的原因。部分受访者就指出，可从奖惩机制入手，激励高校教师的工作动力和竞争精神，强化工作作风和岗位责任意识，如：

"基层教学组织负责人工作积极性不高，没有激励政策，多一事不如少一事，干多干少没区别，而且多干可能多出错，一些人有上述想法，影响了动力。

缺少相关的激励基层教学组织负责人的政策和措施，缺少约束基层教学组织成员必须参加该活动的政策。"（GL004）

3. 主体合作方式单一，基层教学组织缺乏与行业人员沟通交流的有效方式

交互式合作是指基层教学组织与行业人员之间互惠互利各取所需能达到共赢的合作。关于交互式合作问题，当代中国教育学学者与中小学教育实践者共同努力形成的合作研究的新形态，在许多方面显示了自己的创造性与独特性，尤其是通过两类主体间的沟通与转化形成了教育学。双向互动论与以往的工具论、范式论、属性论侧重点有所不同，它抛开了单一主体的观点，强调二者的辩证关系。

目前应用型本科院校地方的合作，大都是三者之间的宏观层面，很少有下沉到微观教师层面，这就使三螺旋理论指导下的产教融合不能生根。这主要是因为大学与中小学、理论者与实践者相互间存在太多差异，如两者间的文化、价值取向、激励机制等。如哈伯曼（Martin Haberman）曾提到，基础教育教师认为，高校教师更多地关注方案的理论分析而忽视了实际的可行性；而高校教师则更倾向于将中小学教师视为保守派，认为他们不愿意接受研究成果，对社会的重大问题反应迟钝。所以需要通过学校、政府和行业之间有效的沟通，建立应用型本科院校基层教学组织与行业人员的双向的互动交流合作。双方在深层实质上具有同一性，即将合作交流研究的价值定位于寻求对教育实践的确切解释，却又由于无法找寻到获得这种确切解释的路径，因而对行业人员参与基层教学组织活动的研究持消极甚至反对态度。

在高校与产业合作中，高校、产业、政府是主要参与方，其中高校和产业二者为合作主体，以企业为核心并发挥着主导作用；以大学为主要力量和创新之源；而合作双方的主要导向、指导与协调力量就是政府。除此之外，科技中介机构和金融风险投资机构也会在大学与产业合作中发挥重要的作用。

（二）内外部参与动力不足：产教融合基层教学组织激励政策缺位

1. 高校教师了解行业发展与行业实践的外在动力不足

师资队伍建设是应用型本科院校发展的基础和关键，所以需要制订相应的人才政策，打造一支师德高、教风好、基础实、技能过关、理念新、锐意改革、专兼结合的"双师、双能型"教师队伍。以政策激励促进高校和产业人才双向流动，一是鼓励学校教师在有关企业挂职锻炼、兼职或创业，这一方面有利于他们了解行业发展前沿，掌握行业技能并在教学过程中加以运用，从而提升应用型人才的培养质量；另一方面又能为教师进行应用型研究创造条件，促进产学研协同演进。二是重视兼职教师队伍建设，企业工程师、研发人员或高级管理人员均可作为学生的课外实践导师。教师科研活动考核指标还应纳入以地区为导向应用型科研活动的横向经费总量、应用型科技获奖成果等。

"太需要了，咱们现有的推进政策或者激励政策还有不完善的地方，还需要进一步完善。因为你办应用型本科院校，培养应用型人才，没有应用型的师资，应用型人才肯定是落不了地的。只有老师是应用型的，学生才可能成为应用型的人才，所以你要培养的是应用型人才，但很多老师都没有具备应用型的能力或者方法，也许有，比如像 A 老师这样的人，我就觉得他和行业企业联系太密切了，为什么地方政府、行业企业这么认可他，就是因为他是真正成为"双师型"教师的人，已经和政府、行业企业融为一体了，所以才能真正知道行业企业的需求。我们老师与行业企业联系不紧密，所以不能完全知道行业企业的需求，培养出来的人才适应性也比较差。所以其实老师还是在用学术型的方式培养应用型人才，可能我们的脚已经迈到应用型里了，但头脑思维还在原来的学术型的培养里。"（GL001）

努力提升学校与企业之间的合作质量，持续地创新合作的体制和机制，并拓宽合作的内容范围，才能更好地突出企业在办学中的核心地位，同时激发企业参与专业认证和学科建设的热情和贡献。识别出共同的利益并寻找持久的合作策略，可以推动学校与地方从合作伙伴关系转变为"共生共荣"的利益共同体，从而建立一个和谐、共同进步、协同发展的产教融合新体系。

2. 基层教学组织提升教研活动实践能力的内在动力不足

应用型本科院校在教师队伍建设上，应当改变传统观念、调整工作机制，并广泛邀请具有丰富实践经验的中高级管理和技术专家担任兼职教师，与全职教师形成一个统一的团队，而不是仅仅依赖自给自足的方式来构建"双师型"教师。事实上，随着市场变化越来越大，高校专业调整的频率越来越高，过分地依赖专职教师的思路并不利于高校对招生市场和就业市场变化的适应，而兼职教师队伍则具有这种优势，而且可以大大降低办学成本。

"我觉得课程和专业应该都可以，就是只要双方有需求的，能够达成的一种互相协调、互相帮助的这个作用的应该都可以。我可能主要是课程，我需要他们参与进来，然后帮我完成一些内容，那些我认为在我们师范生培养过程当中，我们难以达成的一些内容。那么同样他们可能也有他们的一些需求，比如说他们的需求可能在专业方面，在实验条件、实验设备的一些方面。"（FZR001）

应用型本科院校师资实践经验不足的缺陷必须尽快补齐，要创造各种机会让学生接近实践，增强他们的应用实践能力，同时还要让他们积极主动地独立寻找机会参与企业实践实习。依靠学校被动地接受实践实习的机会并不能真正发展学生的应用实践能力。由于培养应用技术和技能的人才主要集中在实践环节，仅仅掌握书面知识是不足的。然而，如果教师未能充分理解企业的实际状况，那么同样无法有效培养学生的应用实践能力。纯粹的理论教育往往缺乏活力，特别是那些学生毫无兴趣的理论内容。

3. 高校人才培养与行业企业需求结构供需失衡

为构建双方的有效合作，应将高校社会服务意识放在首位，并真正构建以应用为导向的课程体系和组建有实践经验的专家团队以回应企业需求。西方大学提出的同企业的"伙伴型"关系就体现了这一宗旨。另外，如果企业不进行合作，可能是由于高校不能向企业提供必要的服务或高校对企业需求根本不了解，从而导致二者关系疏离。

"首先是教学方面，如何上好课，如何进行教学环节，还有一些是班主任，我们也会从头到尾去指导让学生更好地感受班主任工作。"（HY001）

"包括现在就业这块对人才的需求这方面给明确地提出来了，这样的话也有助于我们在教学的时候让学生能多学习和掌握一些对社会更有用的技能和专业知识。"（HY003）

当然，政府未能构建起双方合作机制，这是个大难题。西方一些国家的法律要求企业向大学提供某些技术服务，并且将其作为确定企业等级、享受税收优惠的尺度和基础，可以刺激企业积极向大学靠拢。合理机制一定是共赢机制，是相互促进的良性机制。企业一定想从合作中受益，如果没有利益，他们就不会有积极性，因为他们终究要靠盈利而生存。它要求各院校一要将人才培养定向为应用型，二要将教学内容与实践相结合，不能空泛地搞理论教学。因此，大学一旦有了应用导向和探究问题的意识，便很容易得到企业的欢迎并与之达成合作。若高校固守其理论教学导向而不关注实践问题，对实践教学仅仅流于形式，企业便不愿成为被动配合者。

（三）顶层设计与保障机制不全：产教融合基层教学组织保障体系缺失

正如斯科特所言，组织可能是现代社会最突出的特征。作为人类社会的

"轴心机构"，大学毫无疑问也是高度组织化的。从起源上看，大学就是起源于中世纪致力于传授知识的一种行会组织，之后经历近千年的发展演进。伯顿·克拉克认为大学将研究和传授高深知识的活动方式持续不断地制度化和组织化，从而让自身不必维系于个别天资卓越的学者，有效避免了组织动荡与不确定性，发展成为当今世界上历史最为悠久、成就最为卓越的组织之一，被誉为"时代的发动机"和"人类社会的动力站"。

在调查中发现，相关制度机制的不健全是导致基层教学组织建设存在诸多问题的重要原因。这种不健全主要体现在三个方面：一是缺乏学校层面的顶层设计；二是缺乏学院层面的监督与管理；三是制度机制在实践中的执行不力。

1. 缺乏学校层面的顶层设计

学校的"顶层设计"指的是学校管理层为了推动学校的科学和可持续发展而制定的执行纲要和方案，这是一份具有前瞻性的发展总体规划。只有当我们拥有切实可行的"顶层设计"时，才能制定出宏大的发展"蓝图"，并最终实现美好愿景。在学校这个局部范围内，顶层就是校级层面所做出的系统性、整体性、协调性的部署和安排。因此，从这个意义上讲，高校要有顶层的自我担当，从而使要我改革变为"我要改革"。但是无论是国家和省级政府层面还是学校层面，应用型本科院校基层教学组织建设都缺乏必要的顶层设计。例如，在国家层面出台了一些政策规章来支持和鼓励高校基层教学组织建设，如2017年12月19日，国务院办公厅印发《关于深化产教融合的若干意见》中指出："校企协同，合作育人。充分调动企业参与产教融合的积极性和主动性，强化政策引导，鼓励先行先试，促进供需对接和流程再造，构建校企合作长效机制。逐步提高行业企业参与办学程度，健全多元化办学体制，全面推行校企协同育人，用10年左右时间，教育和产业统筹融合、良性互动的发展格局总体形成，需求导向的人才培养模式健全完善，人才教育供给与产业需求重大结构性矛盾基本解决，职业教育、高等教育对经济发展和产业升级的贡献显著增强。促进产教供需双向对接，强化行业协调指导。行业主管部门要加强引导，通过职能转移、授权委托等方式，积极支持行业组织制定深化产教融合工作计划，开展人才需求预测、校企合作对接、教育教学指导、职业技能鉴定等服务。"2018年10月8日颁布的《教育部关于加快建设高水平本科教育全面提高人才培养能力的意见》中指出："全面提高教师教书育人能力。因校制宜，建立健全多种形式的基层教学组织，广泛开展教育教学研究活动，提高教师现代信息技术与教育教学深度融合的能力。"2019年2月23日，中共中央、国务院印发《中国教育现代化2035》中指出："加强创新人才特别是拔尖创新人才的培养，加大应用型、复合型、技术技能型人才培养比重。加强高等学校创新体系建设，建设一批国际一流的国家科技创新基地，加强应用基础研究，全面提升高等学校原始创新能力。探索构建产学研用深度融合的全链条、网络化、开放式协同创新联盟。"2019年10月8日，教育部印发《教育部关于深化本科教育教学改革全面提高人才培养质量的意见》中指出："加强基层教学组织建设。高校要以院系为单位，加强教研室、课程模块教学团队、课程组等基层教学组织建设，制定完善相关管理制度，提供必需的场地、经费和人员保障，选聘高水平教授担任基层教学组织负责人，激发基层教学组织活力。支持高校组建校企、校地、校校联合的协同育人中心，打造校内外结合的高水平教学创新团队。"尽管国家层面出台的政策中指出了鼓励高校与行业合作，重视基层教学组织建设，但是缺乏较为细化的顶层设计，其中的关键问题依然比较模糊，如产教融合与基层教学组织融合问题、产教融合与基层教学组织双方共赢问题、地方政府如何支持产教融合与基层教学组织合作的沟通机制、动力机制和保障机制问题等。这也导致目前国内应用型本科院校基层教学组织建设历程的案例较少。具体如何让行业参与基层教学组织建设，在理论和实践中尚面临着诸多问题。由于缺乏相关的政策制度保障，基层教学组织与行业人员开展教研活动过程中没有交流的平台，这在很大程度上影响着双方的积极性。调查中也发现，很多受访者表达出对于学校层面缺乏"顶层设计"的担忧。

"对，其实很多老师吧，从自身角度来讲，他也想去了解，但他没有这个渠道，然后呢，在教学或者其他方面也没有硬性的要求。我们可以给一些这个经费上的支持，给一些政策性的支持，对吧，在你申报这个教研课题的时候，学院会优先地给你来提供条件。让行业企业的人进来参加，参加这个活动之后来产生一些教研、科研项目和科研成果，然后使老师真正地能够跟这个行业企业的人员有更多的沟通交流。搭建一个平台，你想让他去接触，或者是让行业企业人员进来产生这种交流。"（GL005）

"但是这个平台一定要有。不仅是宏观上有这种政策性的这个协议包括这个文件，还有就是具体的实施细则，这个我说的实施细则就是常规性的这些制度怎么开展？这样学校搭建这个平台可能会更好。学院只能开展一个小方面的教研活动，比较局限，沟通机制基本上很不健全。假如说这个学校有什么'双百双进'，他可能会告诉我们去跟这个行业的基础教育去结合，开展工作。但是这个更多是一个宏观上的，具体的执行上都没有，就操作性都不强。"（GL006）

"应该建立一个固定的小学与高校之间的联系，然后有几个固定平台，假如说和几个小学合作，然后到时候咱们的教师下去看，也可以领着我们学生下到这个课堂跟小学教师有一定的这个交流，就是形成这样的一个体制。我感觉最关键的还是要形成一个能够和学校合作的平台，建立紧密联系。"（JS003）

调查中学校管理人员也提到，目前关于行业人员参与基层教学组织的运行发展并没有专门的政策文件，各教学单位只能按照现有的体制来进行操作。关于参与到基层教学组织活动中的行业人员的待遇、发展等问题，都没有从学校层面上出台相关的政策。对于一个组织来说，不同的权力配置会产生不一样的行动结果。也就是一个组织的力量构成对它作为一个体系的活动及其变革类型与实施的价值观念产生了影响。大学虽然具有与其他组织不同的特点，但是它又离不开这些一般规律。因此，阿什比断言："大学的兴旺与否取决于其内部由谁控制。"在体制上要进行顶层设计，赋予基层教学组织部分人事权和经费使用权并合理分配责任和权利。不具备人事权和经费使用权不利于基层教学组织领导积极性的充分发挥。

同样，在行业人员参与到基层教学组织活动中，对其身份、待遇等缺乏明确的规定，将导致很多优秀的行业人员无法获得归属感和成就感，也就很难激发其参与基层教学组织的积极性和主动性。例如，行业人员参与基层教学组织活动的工作都是凭借高校教师的"私人关系"介绍而来的，很少有通过学校或学院的官方文件等制度性规定确定的。例如：

"咱们学校基本上没有这个政策，因为我们这些年来都是靠着老师联系，或者跟自己的毕业生情感联系。我们基本上所有的这个活动都是要老师用这个感情来换的，对于这样的专家型教师，我们想请也确实挺难的。"

(FZR006)

"一方面,这些行业人都比较忙,可能把我们这个联系起来,联系得不是十分紧密。另一方面,可能这里面有一些就是利益关系,得对他们产生切实的利益,他才会有这个驱动力去跟我们搞这个合作,行业内部才有参与活动的认同度,这个行业毕竟和高校不一样。但学校层面和他们沟通会不一样。包括和教育局的合作,要落实的时候可能具体的后续很多工作就需要去设计,需要真正地给这个行业的基础教育带来利益,这利益无论是对领导也好,还是对他们那个学校本身也好,双方都有利它这个事儿才会去推进。"(GL006)

"所以如果没有一个长效的奖励机制的话,可能老师也不太愿意来,凭个人的关系,或者是领导和校方之间的关系,才能请到这些老师来。"(FZR003)

然而,这种私人关系在公开场面会带来很大麻烦,各方利益也不能得以满足。部分参与基层教学组织活动的行业人员会有所顾虑,存在担心影响本单位的工作、担心领导不同意等情况。尽管国家在国务院办公厅《关于深化产教融合的若干意见》一些文件中规定:为了深化"引企入教"的教育改革,我们积极鼓励并支持企业深度参与职业学校和高等教育机构的教育教学改革。我们积极推动企业通过多样化的方式参与学校在专业规划、教材研发、教学方案设计、课程规划,以及实习和实训方面的工作,以确保企业需求能有效地融入人才培养计划中。我们鼓励采纳与企业实际生产环境相匹配的任务导向的培训方式。在职业学校新开设专业时,基本原则上应当纳入相关行业企业的参与和贡献。我们也积极推动企业与职业教育机构和高等教育组织合作,以创建产业学院、企业工作室、实验室、创新基地以及实践基地。我们坚决支持建设应用型本科和具有行业特色的高等教育机构,以满足产业的需求为中心,加强实践教学,完善以应用型人才为主导的培养体系,并推动专业学位研究与生产学结合的培养模式改革,以增强培养复合型人才的能力。

强化产教结合的教师团队建设。鼓励企业中的技术和管理专才到学校担任教职,并在条件允许的情况下,推动产业教师(导师)设立专门的岗位方案。我们正在研究与职业教育和应用型本科院校特性相匹配的教师资格准则以及专业技术职位(职称)的评定方法。职业教育机构和高等教育机构有权根据法律和规定自行聘请兼职教师，并确定他们的兼职薪酬。促进职业教育机构、应用型本科高等教育机构与大型和中型企业联手，共同建立"双师型"教师的培训和培养基地。但是这些目标在具体的执行过程中缺乏进一步的精细化、明确化。这一问题得不到明确解决，将导致部分行业人员在参与过程中担心被领导批评，以及对本职工作产生影响。

另外，也有一些行业人员基于自身专业发展的角度，比如说能够接触大学里一些新的教育理念等，即使参与高校的活动没有相应的报酬也依然愿意参加。例如：

"非常愿意参加呀，就是去感受一下高校老师讲课的风采，我们也可以进行学习。然后高校老师呢，我觉得在科研这方面特别厉害，我觉得我们作为基础教育的老师，我们可以提供一些特别详细的一些基础的数据呀，实例什么的，然后共同合作，让我们从理论水平上也有所进步，然后他们还可以得到非常详尽的、非常具体的事例或者数据，我觉得这样配合也会很好的。"（HY001）

确实存在一些行业人员真心为高校的应用型人才培养做出贡献，他们并不关注是否得到领导的支持或者能否支付相应的报酬。他们真正地带着"教育情怀"做教育。例如：

"我是从咱们学校走出来的毕业生，我觉得如果从学校学到的东西，以及从工作上积累的经验，能回报到自己的学校，我觉得也是作为一个对母校的一种奉献，这是第一点；然后第二点，我觉得作为一个一线教师，可能有许多大学生就是跟我们曾经的学生是差不多的。我们在跟他们共同沟通交流，也可以让我们高中老师身上的一些有用的东西继续发光发热，继续帮助这些孩子们；第三点就是从这些孩子们身上，我也可以看到我年轻时候的样子，然后从他们身上感受年轻人的朝气。同时，通过跟他们交流，我也能感觉到现在的年轻人的那种劲头，从而促进我现在的工作的劲头。"（HY001）

相关政策制度的不明确，导致聘请行业人员参与高校的基层教学组织建设而产生的相关待遇问题很麻烦，费用的标准、发放方式也就成了问题。许多行业人员权当作为母校做贡献。例如：

"主要是还有一个就是像你说他们的积极性,就是我们通过这样的活动能带给他们什么,一个是对母校的情怀吧,然后这个跟老师的这个情谊在这儿,还有一个就是有的老师把它当作荣誉,还有就是教师的个人追求与情感联系。"(FZR006)

2. 缺乏学院层面的监督与管理

高等教育机构的教学部门必须确保为基层教学组织提供必要的建设条件。首先,我们要肩负起本单位的教学管理核心职责,确保基层的教学机构能够更有效地履行其关键功能。为了缓解基层教学组织在行政事务方面的压力,各教学单位在其职权范围内应综合考虑本单位的工作关系,明确各自的职责和义务,并尽量让学院层面的行政性事务在学院层面得以执行。这样可以为基层教学组织提供更多的自由空间,确保它们能够专注于教学任务的承担、教学研究与改革,以及师资培养等关键职能。

这一点与学校顶层设计的缺乏是直接相关的。正是因为学校层面缺乏顶层设计的整体统筹、规划,所以各教学单位相应的配套制度机制不健全。各教学单位层面制度机制不健全首先表现在高校基层教学组织在开展活动过程中的相关的责、权、利等问题的界定不清晰,导致这类群体对自己的发展方向等模糊不清。例如:

"希望能够建立起和中小学的互相沟通联系这样的一个常态化的机制,我觉得这个是比较好的。再一个就是希望能够给一些政策,方便建立起一些有效激励的措施或者是机制。我觉得建立起一些有效的激励措施是很重要的,比如说学校可以多拨一些经费,或者是下放一些权力。"(FZR003)

同样,学院层面的制度机制也影响着行业人员参与基层教学组织建设的积极性和稳定性。

3. 制度机制在实践中的执行不力

2020年12月,教育部等六部门颁布的《关于加强新时代高校教师队伍建设改革的指导意见》中指出:"夯实高校教师发展支持服务体系。鼓励高校与大中型企事业单位共建教师培养培训基地,支持高校专业教师与行业企业人才队伍交流融合，提升教师实践能力和创新能力。"但是这些制度机制在实践中并没有得到真正的实施，仅有部分基层教学组织与行业人员有过交流，而且都是单向的交流方式，多数是以讲座报告、学生教学竞赛指导和指导学生毕业论文的形式与行业人员开展有限的交流。

四、本章小结

本章旨在明晰应用型本科院校基层教学组织运行模式的实然运行现状，通过问卷调查和访谈调查相结合的综合研究方法，逐一分析了共同目标、沟通方式、参与动力、运行过程和运行保障的实然表征，并展开了基于调查研究的结果讨论，探索了存在的问题，分析了失衡的根源。

研究发现，应用型本科院校基层教学组织运行模式的现实问题是运行目标、运行过程和运行保障的失衡与错位。基层教学组织目标失衡的原因在于制度支持和政策激励的缺位。应用型本科院校基层教学组织中的教师要想了解行业企业，需要学校和社会提供沟通和交流的平台。基层教学组织缺乏动力的原因在于产教融合的基层教学组织的沟通方式和动力机制并没有建立，缺乏保障基于产教融合的应用型本科院校基层教学组织运行的保障体系。

第五章　产教融合基层教学组织运行模式的案例分析

通过上一章问卷和访谈调查结果，发现了应用型本科院校产教融合基层教学组织共同目标、参与动力和沟通方式的失衡根源及表征。这些失衡在不同类型的产教融合基层教学组织运行模式中，呈不同程度的表现形式。本章主要聚焦课程教学类、教学改革类和专业建设类基层教学组织运行模式这三类具体样态，对其逐一进行实体案例研究，力图发现其运行的具体特征、经验与反思，为应用型本科院校基层教学组织改革寻找有说服力的解释视角。

一、案例研究设计

研究设计是研究过程的行动指南，是主要通过描述特定社会背景下的复杂典型案例现象，以此探寻其背后的逻辑与规律的一种研究方法。罗伯特·K.殷认为，案例研究主要适用于三种情形：主要问题为"怎么样""为什么"；研究者几乎无法控制研究对象；研究的重点是当前的现实现象。因此，本研究采用多个案研究法，主要从以下三个方面来进行考量：一是本研究在上一章研究的基础上，还要解决三种模式的具体运行到底"怎么样"和"为什么"的具体问题，这也是这部分的重要研究目标；二是研究中的主要研究对象是产教融合基层教学组织与产业人员；三是应用型本科院校基层教学组织与产业人员协同教研的困境。

（一）案例研究目标

1. 具体研究目标

主要研究目标：一是从产教融合基层教学组织运行的类型、成效及问题来剖析产教融合基层教学组织具体运行的因素；二是结合典型案例分析，总结不同类型产教融合基层教学组织模式的经验；三是总结三种模式在共同目标、参与动力和合作效果等运行中的启示与反思。产教融合从不同的维度看有不同的分类。本研究中产教融合实质是应用型本科院校基层教学组织与产业之间的产教融合。目前，国内许多应用型本科院校结合自身的办学优势与资源，通过实际办学过程的不断实践，积极探索应用型本科院校产教融合基层教学组织运行的经验与规律，其中包括共同目标、参与动力和合作成效等要素。产教融合视域下应用型本科院校基层教学组织包含了课程教学类、教学改革类和专业建设类三种运行模式。主要特征主要体现在三方面：第一，这些案例都是在多种因素的作用下产生的产教融合基层教学组织运行模式；第二，这些案例是国家提出产教融合以来，学校开展产教融合基层教学组织的典型代表；第三，案例中产教融合基层教学组织模式有相对广泛的实践范围，是可参照学习的对象。因此，总结典型案例运行成效、分析模式取得成效的关键要素，可为解决后续研究问题，提出优化提供铺垫。

2. 具体分析维度

根据上述产教融合基层教学组织的实践特征总结，其具体有校—校、校企和校政校这三种模式。这些分析主要体现为三个维度：一是合作目标方面；二是参与动力方面；三是运行成效方面，较为全面地反映产教融合基层教学组织运行的具体情况。

（二）案例研究抽样

1. 案例选择

罗伯特·K. 殷认为，如果条件允许，应选择多案例研究设计，成功机会大得多。因此，本研究采用多案例研究，比较分析三个产教融合基层教学组织模式的实践案例，探讨适用条件与可推广性。目的性抽样是案例研究中常用的方法，即按照研究目的抽取能够为研究问题提供最大信息量的研究对象。通过描述、分析和比较这些典型案例，揭示产教融合视域下基层教学组织运行模式的内在逻辑，归纳产教融合视域下应用型本科院校基层教学组织运行的本土经验。因此，本研究以产教融合基层教学组织中的要素特征为基本依据，选取三个有代表性的产教融合基层教学组织案例，分别标识为案例A、案例B和案例C，主要考虑以下因素。

第一，三个案例各具特征，分别代表了当前产教融合基层教学组织模式的三个类别。案例A通过企业合作，形成校—企模式，是当前产教融合基层教学组织与企业合作的典型案例的最低级；案例B通过与基础教育合作，形成校—校（中小学）模式，是当前产教融合基层教学组织与基础教育合作的典型案例中间级；案例 C 通过与基础教育学校和教研员三方合作，形成校—政—校（中小学）模式的最高级。

第二，三个案例影响力广，案例中的产业都是地方名校和名企，所面临的合作困境与问题具有典型性。案例学校位于吉林省，是 2020 年获批特色高水平应用型本科院校，其中，案例 A 中的基层教学组织所在专业为省级一流专业建设点，参与企业为地方支柱产业，但面临合作认知等困境；案例 B 中的基层教学组织的所在专业获批国家一流专业建设点，参与基础教育学校为知名中学，双方有着共同的合作目标，有很高的合作意愿，形成了产教融合基层教学组织的有效运行模式，但遭遇合作时间与协调支持困境；案例 C 中的基层教学组织所在专业为省级一流专业建设点，参与的两方为小学教师和教研员，但面临合作技术等困境。

第三，三个案例的选取也充分考虑了获取研究资料的便利性和体验性等因素。本研究对 T 学院情况较为熟悉，开展的访谈调研较为方便，能保证具有较高的信度和效度。

2. 研究对象信息

本研究选取产教融合基层教学组织成员 12 人作为访谈对象，研究对象基本情况如表 5.1 所示。

表 5.1　访谈对象列表

序号	受访者编码	性别	年龄	职称	身份
1	FZR001	女	41	副教授	基层教学组织负责人
2	FZR002	男	35	副教授	基层教学组织负责人
3	FZR003	女	42	副教授	基层教学组织负责人
4	JS001	女	38	讲师	高校教师
5	JS002	女	30	讲师	高校教师
6	JS007	女	56	教授	高校教师
7	HY001	女	40	中教高级	中学教师
8	HY002	女	42	中教高级	中学教师
9	HY003	女	53	中教高级	教研员
10	HY004	女	42	中教二级	小学教师
11	HY005	男	43	实验师	企业人员
12	HY006	女	32	实验师	企业人员

（三）案例资料收集

第一阶段：全方位搜集案例院校与产业合作开展基层教学组织活动的相

关信息，包括三个基层教学组织的发展历程和产业的基本信息、合作内容、政策制度信息等，为后续深度访谈研究做好充分的准备工作。

第二阶段：主要目的是逐步确定案例研究的主题信息，为拟定正式访谈提纲提供信息。

第三阶段：本阶段主要目的是为案例研究搜集大量资料。总共访谈了3位基层教学组织负责人、3位高校教师负责人、3位基础学校教师、1名教研员和2名企业人员。每次访谈时间为30分钟到1个小时，并征求受访者同意后，进行录音收集访谈数据。

二、案例资料分析

在收集了访谈的原始资料之后，研究者开始对访谈资料进行整理，进行主题深入的系统性分析。首先，将所有的访谈录音资料转化为文本文件，接着，开始初步对访谈文本资料进行阅读，并梳理出基础的分析方法。其次，研究者采用基于分析框架逻辑的选择性编码方法。最后，基于编码的基础，我们进一步展开了分类研究并展开了深入的分析。三个研究案例，都是以培养适应地方经济社会发展的应用型人才为合作目标，本研究按三个分析单元的维度，分别形成如下分析如表5.2所示。

表5.2 案例研究样本与合作人员的主要信息

类型	案例样本	参与单位样本概况	产教融合情况
课程教学类运行模式	案例A成立于2001年9月，现有成员9人，其中高级职称2人，中级职称5人，初级职称2人。五年来共承担校级教研课题7项，承担产学合作课题3项，建设应用型课程10门，获批省双师双能教师培训基地1项，获批省级一流专业建设点	TT公司创立于2001年，为国内知名的专业葡萄酒生产企业。几年来，该公司不断加快体制创新和科技创新步伐，发展后劲明显增强，经济实力显著提高，实现了政府组织、市场驱动、企业牵头、高速度、快节奏、高效率的发展模式，经济效益、社会效益明显提高，注重与高校合作	2021年9月以前，是比较松散的合作，主要体现在以下几个方面：修订人才培养方案，学生专业见习、专业实习等。2021年9月以后，企业人员参与学校基层教学组织活动。主要内容为：一是毕业设计（论文）和学生竞赛；二是课程建设：应用型课程开发，主要以需求为导向的课程教学目标和课程内容的调整；三是合作开展产学研教学改革课题。课程是人才培养的核心要素，课程质量直接决定人才培养质量。课程类教研以建设高质量的课程或课程群为目标，重点解决课程目标等开展活动

续表

类型	案例样本	参与单位样本概况	产教融合情况
教学改革类运行模式	案例B成立于2012年，现有成员8人，其中高级职称6人，中级职称2人。五年来共承担校级教研课题5项，获产学研合作课题5项，建设应用型课程8门，获批国家一流专业建设点，获省级一流课程2门，获省黄大年式教师团队，获省首批虚拟教研室建设项目	JY中学始建于1956年，1978年被命名为省重点中学。该学校注重教师队伍建设，注重学生全面发展，深化教研教改，推进素质教育发展。学校以文科为特色，注重对体育艺术生的培养，注重特色育人	2020年6月以前，是比较松散的合作，主要体现在以下几个方面：修订人才培养方案、学生教育见习、教育实习、指导师范生技能大赛、专题讲座等。 2020年6月以后，中学教师参与学校基层教学组织活动。主要以师范类专业认证为契机，开展课程大纲、毕业论文、开展校地协同教研课题。教学类教研以建设高质量课堂为目标，以课堂和课例为载体开展教研，有效利用教与学的数据和数字化教学工具，对教学的新理念、新模式和新方法等进行系统性、常态化和创新性的研究
专业建设类运行模式	案例C成立于2008年9月，现有成员6人，其中高级职称2人，中级职称8人。五年来共承担校级教研课题7项，获产学研合作课题3项，建设应用型课程5门，获省一流专业建设点	JX进修学校始建于1959年，学校建有独立的进修门户网站和网络办公系统，栏目特色鲜明，更新及时，功能实用，为区域教师专业发展提供了丰富的资源库，进修学校真正成为助教师成长有力平台。 创建于1947年的一所小学，学校把培养学生"学会做人、学会做事、学会认知、学会共处"作为教育目标，努力使每个学生成为志向高远、人格健全、基础扎实、特长明显、勇于创新、善于实践的有用人才	2021年9月以前，是比较松散的合作，主要体现在以下几个方面：修订人才培养方案、学生专业见习、专业实习等。 2021年9月以后，小学老师和教研员与学校基层教学组织活动。一是毕业设计（论文）和学生竞赛；二是课程建设：应用型课程开发，主要以需求为导向的课程教学目标和课程内容的调整；三是合作开展产学研教学改革课题。专业类教研以高质量专业（专业群）建设为目标，围绕数字转型背景下如何研制专业规范、构建人才培养模式、制定人才培养方案、建设专业师资队伍等开展建设。从专业层面打造新工科、新文科、新农科、新医科，以产教融合育人、跨学科人才培养等方式升级适应数字化、智能化挑战的专业办学水平

(一) 课程教学类基层教学组织运行模式——案例 A

近年来,校—企合作模式被广泛采用,这既是应用型本科院校自身发展的需要,也是企业谋求可持续发展的需要。案例 A 所在的食品专业与参与的企业之间有长期合作的背景,企业为学生提供专业实习和专业实践,专业利用省级双师双能基地为企业的员工提供培训,形成了密切的伙伴关系。食品的质量和安全是建立在生命科学与食品科学的基石上的。它深入探讨了食品中的营养、安全与健康之间的紧密联系,确保食品的营养价值,并对食品的安全、卫生和质量进行管理。在食品科学与预防医学领域,它占据了核心位置,并作为连接两者的关键纽带。通过对食品的生产和加工进行严格的管理和控制,我们可以确保其营养和卫生的高质量,从而促进人们的健康。确保食品的营养和安全性主要依赖于对食品生产过程的全方位和系统性的质量管理,这也意味着营养和食品安全的监管范围已经从过去的简单监管扩展到了食品生产、食品营养、食品安全、食品管理以及食品质量控制等多个方面。食品质量安全需要人才,人力资本成了食品质量安全的核心因素,人才成了推动产业发展、促进产业结构调整升级的重点。

1. 共同目标

案例 A 的合作的主要目标是解决教师不了解企业实践的困境,同时提供岗位标准;开展产教融合基层教学组织活动,提升教师的实践技能,为培养适合企业需求提供人力资源支撑;同时,输出岗位标准,促进供需平衡发展。为实现以上合作目标,双方从 2021 年开始深入开展产教融合基层教学组织活动,围绕专业人才培养方案的修订、应用型课程的开发、教师实践能力等方面进行合作。随着产教融合基层教学组织的运行,双方合作的内容也不断拓展,目前正在结合企业的需求,开展微专业项目推进工作。以上合作目标的确立与形成,产生于供需双方校企合作的发展演进过程,包括合作基础、合作历史(表 5.3)以及合作成效。

表 5.3 案例 A 校企模式中的校企合作历程

合作时间	合作内容	合作实施进展情况
2021 年 9 月	应用型课程建设、课程大纲、毕业论文、专业实习	首次开展基层教学组织活动,了解双方的需求
2021 年 10—12 月		双方不定期地开展 3 次活动,主要针对应用型课程建设,研讨专业核心课程的教学大纲,涉及课程教学目标、教学方法、教学模式和教学考核等

续表

合作时间	合作内容	合作实施进展情况
2022年3—12月	应用型课程建设、课程大纲、毕业论文、专业实习	受疫情影响,这一年只在线上召开1次活动,主要研讨实验类毕业论文的设计方案与具体的实施
2023年3—6月		双方开展3次线下活动,主要针对企业研讨专业人才培养目标和课程体系

随着合作的深入,在双方共同努力下,从课堂培养、实践培养等多方面合作,实现了合作的逐级递进,合作层次由浅入深。

2. 参与动力

2015年10月,教育部、国家发展改革委以及财政部联合发布了一份名为《关于引导部分地方普通本科高校向应用型转变的指导意见》的官方文件。该文档明确强调,为了有效地促进转型和发展,我们必须实施有力的策略来解决在转型和发展改革过程中出现的一系列显著问题,包括顶层设计的不足、改革动力的缺乏以及体制限制的过度存在等。特别是针对国家的核心战略,如创新驱动发展、中国制造2025、"互联网+"、大众创业万众创新和"一带一路"等,我们需要明确转型发展的重点和突破点,从而真正提升地方高等教育机构为地区经济和社会发展,为行业技术创新和为学习者创造价值的能力。各地区和高等教育机构需要从适应和引导经济新常态,以服务创新为驱动的发展大局出发,真正加强对转型发展任务的重要性和紧迫性的认识,将其放在当前工作的核心位置,并以改革和创新的态度,推动部分应用型本科院校的转型和发展。

动力机制源于基层"学校—企业"协同教学组织两个层面。就学校方面而言,校企合作对于学校应用型人才培养必不可少。我国政府高度重视职业教育及校企合作,在企业方面:首先,我们利用学校现有的实验设备资源为企业员工提供技能培训;其次,在高职院校的师资、技术信息和技术服务的支持下,企业加强了技术合作,共同进行新产品的研发、新技术的引进和设备技术的改进,确保教学与实践之间的无缝对接。从政府的角度看,为了达到教育资源的合理分配,我们必须选择学校与企业的合作模式,而在这种合作中,政府起到了推进和参与的双重作用,通过学校与企业的合作来推动地区的技术创新和经济增长。学校、企业和政府都是学校与企业合作的主要责任方，它们在校企合作的过程中起到了不可替代的关键角色和推动力。

（1）打造基层教学组织内外部双重驱动力。

2012年以来，在国家及各省（市、区）有关地方高校转型发展政策的强力助推下，一些地方本科院校将自身定位于应用型院校，并着力组织力量进行相关的理论与实践研究，已取得了很好的研究成果，并在其教育教学实践中努力运用。但师范院校要实现转型，是一个长期的过程，绝不会是一帆风顺的，亟须解决的问题甚多。这是因为，我国传统的师范类院校原来基本是偏文理基础性质的，如果要向应用型转变既容易造成迷惑，又缺乏很好的抓手。此外，学校长期形成的传统的思想观念、文化理念也不利于现实的转型、转变。因此，T学院等地方师范院校在转型过程中所面临的实际困难也许更为突出和不容易，这些师范院校都是以传统教师教育专业为主，缺少专业或工科的办学条件，其转型难度十分大。

T学院是地方本科院校转型发展背景下地方师范院校伴随经济社会深入发展而产生，既肩负着培养一支高水平教师队伍任务，又被赋予为区域发展需要培养复合型人才重任。然而，在教师职业社会化，教师资格考试改革以及定期注册制度推行的大环境下，地方师范院校办学优势弱化，相对于综合性高校而言，地方师范院校仍然存在科研平台匮乏、产学脱节、专业同质化现象严重以及应用型人才培养不到位等诸多问题。因此，地方师范院校的转型发展还面临着重重挑战，如何打破传统办学理念的桎梏，实现由培养单一的师范类人才向培养适应区域发展的应用型人才的跨越，成为地方师范院校能否成功实现转型发展的关键。

（2）推动理念革新和教学方法创新的内部驱动力。

在大学的转型中，价值观和信念可能引导或跟随其他要素的发展。不应独立于结构和程序之外来对待组织的价值观，价值观正是通过结构和程序表现出来。在学校转型前，食品质量与安全专业始终按工科开发方向培养人才，但学生专业技能比较弱，与地方产业发展匹配度不高。学校转型后，校企合作，学院联合企业，更新办学观念和人才培养理念，对办学定位和人才培养目标等进行全方位设计论证，组织多场校内外专家座谈会、研讨会，广泛征求用人单位和毕业生的意见，并到兄弟院校、行业企业进行交流调研，提出以职业和社会需求为导向，以能力培养为核心，以服务区域经济社会发展为宗旨，坚持校企合作、贴近产业、服务地方，引进电子商务行业资历架构能力标准体系教学理念，因材施教、分类培养，改革课程体系，革新师资队伍，创新教学方法,打造有效课堂,以培养高素质、复合型应用人才。结合食品安全行业的发展机遇,致力于服务地方经济的转型升级、产业集群的模式创新,建设食品安全行业技能、技术型人才培养基地。

(3) 行业迅猛发展对应用型人才供给的外部驱动力。

在应用型本科院校的产教融合基层教学组织中,动力要素主要分为两大类:内动力要素和外动力要素。研究指出,内动力要素是指在应用型本科院校体系内存在的,并对协同创新活动有内在推动作用的动力要素,这主要体现在资源共享理念的推动和协同主体自身的利益驱动上。所谓的外部动力要素,是指那些虽然存在于系统之外,但对产教融合的基层教学组织产生显著影响的多种因素。除此之外,还有一些宏观环境要素,虽然其影响相对于动力要素来说较小,但它们通过与动力要素的互动和联系,能够在一定程度上推动协同创新的互动和发展。

3. 合作效果

(1) 合作成效。

应用型本科院校校企合作基层教学组织运行模式,是校地结合内、外部关系中各个要素相互关联的工作模式和运行原理的统称。好的运行机制对校企结合起着助推作用,也是校企合作建设的根本所在,应用型本科院校推行产教融合模式的首要任务就是要把培养具有技术技能的应用型高级专门人才,发展人力资源创新能力,解决现实问题能力以及提升人的综合素质作为己任。为使校企合作基层教学组织模式向深度与广度平稳发展,需要建立完善运行机制。

首先,输出优质的教育资源。通过开展"校—企"合作的基层教学组织,充分发挥参与企业人员的积极性,由其负责组织、协调产业链相关合作企业,共同参与基层教学组织的人才培养、教学改革、项目实训等,引进新理念、新模式、新项目,促进了食品安全的快速发展,形成了多元化特色办学成果。一是应用型课程建设特色,即基于食品安全行业岗位资历架构能力标准体系,强化产教融合理念,实施"需求驱动+校企"合作模式,建立应用型课程开发机制,构建"精准培养机制"的课程新体系;二是基层教学组织队伍特色,建立导师制,即企业导师、领域专家和职业导师全方位协作的师资联动制,企业师资和院校教师"1+1"联动,实现产教融合和产业协同。

其次,构建校企教师协同推行教学方法改革的新机制。应用型本科院校教育改革进程最为缓慢的地方体现在提高本科教育质量方面，这些都离不开基层教学组织。要推动改革在合乎规范的时间内完成，需要引导教师负起责任，在教育教学方面不断改革创新，并将改革创新成果变成教研成果，再用来指导教育教学实践。然而教师们并不喜欢探讨教学方法的缺点，他们常常忙于其他事务，安于采用旧的教学方法。改革的主要阻碍因素不是强势团体的明显反对，而是缺乏足够的压力促成变革。越来越多的证据表明灌输式教学并非理想的教学方法，并且它可以通过系列的措施加以改善，如加大课堂讨论力度，培养学生解决问题和合作学习的能力等。一项对美国教师的调研表明，尽管进程缓慢，但灌输式的授课形式已经开始减少。同时，实践证明对本科生教学有效的方法的应用越来越多，如合作式学习小组、学生调研、计算机辅助教学、针对问题的教学模式等。所以这种校企合作的基层教学组织活动，提高了高校教师了解行业发展和行业实践，促进了教师实践能力的提升。此外，学院也不定期组织校企教师开展多样化的教学交流研讨活动，摒弃身份隔阂和藩篱，建立融合交流、协同发展新理念，由此也给体制内教师带来了巨大的冲击和危机感，唤醒体制内教师原动力，有效提升教师的教学能力和水平。他们不再像过去那样推行注入式教学、给学生讲授大量基础科学知识，而是开始将部分课堂时间用于小组讨论，研讨学科知识在实际案例中的应用等。在这个过程中，学生努力去讨论解决实际的问题，从而了解到自己需要掌握什么，如何找到相关信息以及如何利用这些信息来处理问题或给出合适的策划方案、商业计划书、文案等。这种校企合作共同开展的螺旋式的新式教学方法不仅令学生感到更加有趣，而且其利用了比如主动学习、合作解决问题等认知理论的很多成果，使学生掌握了更多的技能，唤醒了学生的内驱力，激发了学生主动的学习热情。

（2）存在的问题。

首先，思想观念差异带来的合作认知度偏差。T学院作为省属公办本科应用型本科院校，体制内的部分管理者、教师自然产生的优越感，对校企合作的基层教学组织持不积极的态度。部分管理者认为本科培养高等职业教育人才矮人一等，并且受到学生、家长甚至社会的不认可，对应用型人才培养又不重视、不擅长、不情愿，既无特色优势，又不积极探索。企业的人员觉得参加高校基层教学组织活动可以学习新的教学方法，但是没有很好地结合，这成为合作育人的阻滞因素，影响了校企合作的育人效果。此外，还存在部分体制内教师对开展校企合作的基层教学组织不支持、不配合，当学院要求校企合作教师增进交流、共同研讨、协同提高时，企业教师坚持得整体较好，但编制内教师不太积极，缺乏推动校企合作的基层教学组织动力和执行力。这在访谈中也有明显体现。正如几位受访者所言：

"当通知老师开展行业人员参与的基层教学组织活动时，大多数老师还是积极性比较高，有个别老师表现不太积极，比如说迟到，或者是会议期间不发表任何见解，觉得行业人员加入基层教学组织进行教研活动，就是走形式，不能起到真正的作用。"（GL002）

上述受访者的言论，足以说明公办高校推动改革的难处，彰显了高校部分教职工强烈的"领地"意识和"身份"意识。改革者既担心成为这种言论的"受害者"，又担心改革的艰难推进，或者半途而废。这样的例子比比皆是。即使是在电商学院，也有个别教师"抱怨"：

"企业教师虽然实践经验丰富，但课讲得'浅'，没有太多技术含量。他们理论基础薄弱、系统性不够、知识链条不完整。企业个别教师的学历、职业经历等太一般了，毕业学校第一学历还没有咱们学校好呢！"（JS005）

这些教师话语中表现出对部分企业教师的"鄙视"和"不完全认知"。其实，据企业教师提供的个人简历信息和访谈调研了解到，其中大部分教师都是科班出身，有些毕业于211高校，他们大都实践经验丰富，有自己创立的公司，出场培训费甚至高达五位数，即使被合作企业长期聘到学校来开展经常性授课，他们的讲课费也是很乐观的。这样的高成本投入，对于地方高校和一般企业都是无法承受的。对于这些培训师为什么愿意到一所地方院校来授课，其中几位受访者表达了共同的意愿：

"赚钱不是主要目的，如果想赚钱到学校讲课肯定是不行的。我们喜欢到学校课堂给学生上课的感觉，学生们素质很高、很真诚，还没有受到社会环境的浸染。我们也想把自己成长发展过程中的经验教训分享给他们，让他们少走弯路。看到他们课堂上积极性被调动起来的情景，我们也发自内心的高兴，这也给了我们更大的信心和动力。此外，在这个过程中，我们也是发现优秀苗子、培养人才、招揽未来人才的机会。"（HY003）

几位教师的话语朴素真诚，道出了他们愿意到高校授课的真实原因。因此，大学固有的惰性和自满感束缚着大学的发展，大学领导者更不愿意花时间和精力来改善本科教育的质量。按照大学的功能，如果"学院和大学想要服务于迅速变化的世界，就必须进行改革"，这更是我国地方本科院校转型发展的现实选择。

其次，具体目标差异带来的资源投入程度的差异。企业人员参与到应用型本科院校基层教学组织的合作要松耦合，不能强耦合。强耦合互相制约，影响各自的进步。因此，必须解耦，采用松散的合作方式。无论从实践共同体理论，还是制度理论、协同理论都强调深化合作、互利共赢、协同发展的基本原则。但在具体实践中，应用型本科院校基层教学组织的公益性、公共性决定了其更加注重长远的目标规划，注重目标、质量等的实现。而对于企业尤其是小微企业、私营企业而言，校企合作比较注重短期利益回报，注重现时回报和及时回报。当然这种回报包括资金、人才、信息、场所实施、声誉等。在访谈合作企业 HY003 经理时，他说了这番话：

"对于企业来说，我不是来做公益的，但也不是唯利是图，毕竟有各项人力、资源等的投入。但这些都是值得的，也是应该投入的，因为自己有教育情怀。企业人员参与到大学基层教学组织活动也获得了很多，学校愿意和企业合作，这首先就是对企业的肯定。学校的师生也参与到企业的运作管理、科技研发等，更重要的是得到了优秀的人才，可以直接根据需要招聘毕业生供自己和产业链相关企业选用。"（HY003）

一是这种校—企合作的基层教学组织模式，以及拓展开的政—企—校产城融合项目的落地，无疑是企业最大的收获；二是企业得到了合作人才、平台、信息等的支持；三是企业获得了本科办学的经验等。至于企业的投入，包括在设施设备条件、师资配备等方面的投入。学校则在博弈合作中，切身体会到了企业的"吝啬"之处，即高成本下，尽量较少地投入。如果需要增加投入，企业有严格的规章制度和管理规范，需要校企在相互多次博弈中沟通、谈判方可达成。

地方高校长期以来只负责人才培养，很少考虑社会真正的需求。大学教师不懂基础教育的现状，不了解新课改和新课标，师范生实习过程中也不会讲课，自然也缺乏与行业企业的合作。正如该校管理人员所言：

"我觉得教师的行业企业实践还是不落地。一方面，咱们办应用型的大学，培养应用型人才，教师首先应该亲近行业企业，应该多跟企业交朋友，经常走入行业企业。但是现在来看，咱们学校在这方面落实的效果不太理想，有几个原因，第一个是咱们还属于传统意义上的师范院校，还是在学术型办学，虽然咱们已经把定位放在应用型上，并且要建应用型的大学，但是老师还存在着传统思维和固守的学术型人才培养的惯性，所以他到行业企业去的主动性比较差。再有一个是我觉得很多老师有自身方面的原因，比如课很多，没有更多的时间，像咱们学校的老师不像别的学校有学术休假，他们没有大段的时间能脱离开本职工作，安心到行业企业去，也没办法长期在那挂职或者实践，所以你偶尔去的这一次两次，对行业企业的了解还是不深入。还有一个方面的原因是老师在做横向课题这方面的参与度不高，可能有很多老师他不知道如何去跟企业合作，或者是说他缺少这种合作的能力。总的来说咱们学校的老师跟行业企业之间的联系还不够紧密。"（GL001）

该管理人员所讲的现实，彰显了像T学院一样的应用型本科院校，学科专业转型慢，开展横向科研的不利地位。近年来，一些应用型本科院校也逐步敞开大门，寻求与社会合作，但总体来说行动比较缓慢，常常是需要合作方的支持很多，但高校能够提供的合作内容有限、开展形式单一。

另外，不同的博弈能力带来的企业主体地位保障差异。尽管强调了要"发挥企业在高等教育人才培养中的重要主体作用"，但在T学院几个案例的产教融合基层教学组织中，更多地看到的是企业的配合、支持、服务等作用，关键问题上，企业的主体地位有时难以真正发挥。在校企双方后续合作中，企业的义务有时是无限的，但权利、利益有时又常常难以保障。对企业来说，由于学校的公办性质及学院自身管理体制机制的问题，企业提出的一些创新性的改革措施往往难以获得有效支持，如部门认识不到位、领导意见不一致、政策落实难等常常遇到，由此导致错失机遇、降低合作成效等。

从观察结果来看，双方都能积极并准时参加会议，最初发言主要以基层教学组织负责为主。讨论的主题基本为应用型课程相关问题及建议。企业人员大多数时间是被动发言，发言内容较少，随着参加次数的增加，发言比较积极，发言的时间也比较长。主要讨论内容为食品课程的内容是否与实际行业需求相适应。在学校学习的实验内容与企业也有所脱离。企业人员需要针对课程理论和实践部分的评价标准进行调整，增加实践课程考核比重，这样有利于提高学生的实践能力。

（二）教学改革类基层教学组织运行模式——案例 B

该合作模式案例选取了案例 B 和一所高中为研究目标，分析校—校模式中的目标、动力与效果。

1. 共同目标

教学改革类基层教学组织运行模式的主要目标在于：解决教师不了解基础教育学校对人才的需求困境。其内涵是"学校—学校"应当协同发展应用型本科院校基层教学组织，即高校理论研究者与中小学实践工作者共同参与。前者以应用型本科院校的基层教学组织为主；后一种主要是指中小学教师。基层教学组织与基础教育合作是指整合双方资源，优势互补，在平等互惠的基础上，对学校改进、教师教育、教育研究等共同行使权力和承担责任。从研究者的认识和解读来看，基层教学组织与基础教育学校合作可理解为基层教学组织和基础学校教师这样两个或者两个以上的主体在平等互信、互利共赢基础上所展开的一种为了共同利益追求，共生共长的伙伴关系合作。

2. 参与动力

该模式实现了基层教学组织（校—校模式）的成功合作，主要得益于顺畅的合作动力，包括合作双方有着共同的愿景目标、有外部动力和内部动力支持。

（1）打造师范类专业认证的内外部双重驱动力。

教育部在 2017 年发布了《普通高等学校师范类专业认证实施办法（暂行）》。该认证的基本理念是：学生中心、产出导向、持续改进。学生中心，强调遵循师范生成长成才规律，以师范生为中心配置教育资源、组织课程和实施教学；产出导向，强调以师范生的学习效果为导向，对照师范毕业生核心能力素质要求，评价师范类专业人才培养质量；持续改进，强调对师范类专业教学进行全方位、全过程评价，并将评价结果应用于教学改进，推动师范类专业人才培养质量的持续提升。教育部针对我国教师教育的具体情况，进行了分类和分级，并据此制定了各种不同的专业认证准则。《中学教育专业认证标准（第二级）》是基于国家的教育法律、中学教师的专业标准、教师教育课程标准以及与专业教学相关的标准来制定的。它是国家从"培养目标、毕业要求、课程与教学、合作与实践、师资队伍、支持条件、质量保障和学生发展"这8个方面（一级指标）对中学教育专业教学质量的合格要求，其中包括38个二级指标。在进行专业建设和认证考察时，应遵循"学生中心、产出导向、持续改进"的原则，并根据"说、做、证"的一致性标准，全面评估各项指标的实现情况。现在，我们将从内涵解析、考查重点和证明材料三个方面对标准进行详细解读。

当前，教育部对师范类专业有了新的要求，基层教学组织校地协同教研要持续创新，跨界交互融合显著。《中学教育专业认证标准（第二级）》中指标点合作与实践的协同育人中指出：与地方教育行政部门和中学建立权责明晰、稳定协调、合作共赢的"三位一体"协同培养机制，基本形成教师培养、培训、研究和服务一体化的合作共同体。制定并实施教师队伍建设规划。建立教师培训和实践研修制度。建立专业教研组织，定期开展教研活动。探索高校和中学"协同教研""双向互聘""岗位互换"等共同发展机制。因此，加强校校合作，积极获取组织之外的优势资源，减少高校教师不了解中小学实践的情况。

（2）推动合作与实践的协同育人的外部牵引力。

2018年，中共中央、国务院颁布《关于全面深化新时代教师队伍建设改革的意见》，文件中强调"大力振兴教师教育，不断提升教师专业素质能力。加大对师范院校支持力度。实施教师教育振兴行动计划，建立以师范院校为主体、高水平非师范院校参与的中国特色师范教育体系，推进地方政府、高等学校、中小学'三位一体'协同育人。"应全面提升应用型本科院校及中小学教师素质，打造高素质应用型、专业化教师队伍。注重教师教学研究能力的提升和教育内涵式发展。构建校地教师专业化发展的平台，深入开展教学研究，促进课程建设和教学方法的改革和创新。强化基层教学组织，构建健全的动力机制、运行机制和激励机制。为此，应用型本科院校的基层教学组织应进行与当地教育行政部门及中小学校的校地教合作。

师范类基层教学组织校地教研合作主要是指以高校基层教学组织、地方教育部门和基础教育学校为合作主体，共建新的基层教学组织，共同开展课程建设、教学方法改革等问题。在合作过程中，基层教学组织牵头承担着管理、沟通、协调、服务的桥梁作用。校校合作是基于市场和社会需求目标导向，充分发挥高校、中小学校等优势，合作开展的教学方法改革、课程开发等合作方式。其本质在于将教育理论与教育实践紧密地联系在一起，以各方参与为途径，以相互服务为宗旨，实现校校教研合作、资源共享与良性互动，形成"双赢"局面。基本含义主要体现在：基于组织间合作的组织模式创新；通过资源和信息共享达到校校互惠的目的；把技术服务作为校校双赢的动力；通过文化交流的纽带达到校校深度共融的目的。学校与学校之间的教研合作是应用型本科院校教师队伍提升的必由之路，所以正确把握学校与学校之间教研合作的内涵可以有效促进合作走上内涵式发展之路，提升应用型本科院校在应用型师资培养与中小学教师争夺方面的优势。

2019年11月20日，教育部正式公布了《关于加强和改进新时代基础教育教研工作的意见》，其中明确指出了加强教研的重要性。对师范学院与幼儿园之间的合作模式进行研究，将有助于优化基于合作模式的校内教学研究。高等教育机构与基础教育学校之间的合作研究主要聚焦于合作的内涵、模式、类型以及所面临的挑战和解决策略。一些研究指出，在高校与基础教育学校的合作中，存在许多问题，例如高校教师的权威性与一线教师的依赖性、文化和利益的差异、不同的评价标准，以及时间和资金的保障问题。这些问题在高校与基础教育学校的合作中也是普遍存在的。一些学者指出，高等教育机构与中小学之间的合作经常出现在课题研究、人才培养计划设计、实习见习和教师培训等方面，其中涉及文化差异、地位不平等、质量需要提升以及缺乏有效的合作机制等多个问题。T学院，作为一所应用型的本科教育机构，已经与中小学建立了合作关系，并在应用型课程、教师的专业成长、项目研究以及师范生的培训等多个领域展开合作，展现了合作的驱动机制。

（3）推动双方教师专业发展的内部驱动力。

内在驱动力是在需要的基础上产生的一种内部唤醒状态或紧张状态，表现为推动有机体活动，以达到满足需要的内部动力。

大学教师专业发展既关乎自身利益和荣誉，也关乎大学利益和荣誉。一个大学水平的高低，把它的总体师资水平作为一个重要参考指标；一个专业建设得好不好，也同样不能离开对这个专业的师资进行考核。不论在何种情况下，高校教师都会面临高校对专任教师进行考核的问题，其考核结果是岗位聘任、岗位考核、评优和评职的基本依据，还与岗位津贴、效益津贴和奖金相联系。他们在专业发展的道路上都遇到了自己的难题。

"第一点，我觉着我也是高校毕业的，我以高校毕业生身份，拿自己从高校所学到的知识能回报高校。第二点，我也希望能以这种方式跟高校的老师

进行沟通和交流，使自己在学识方面更加丰富，也能应用到我现在的教学当中。"（HY001）

学校通过组织双方名师"请进来""走出去"等方式开展专题讲座，并展开广泛深入的政策调研，组织开展协同开展教研课题等活动，使基层教学组织成员都能体会动力机制。

3. 合作效果

（1）合作成效。

目前，"校—校"合作的基层教学组织已成为教师专业成长的一个高效路径，它不仅有助于教师更新他们的知识和技能，还能优化他们的人际关系，提升教学实践和教学研究的能力，从而有力地推动教师的全面发展。此外，在不同的教育机构中，教师们也采取了互相学习的方式。因此，应用型本科院校基层教学组织与基础教育学校开展教研室建设成效的主体表现在以下内容。

这有助于双方教师的职业成长。在实践共同体的鼎力支持下，教师若想达到真正的职业成长，就必须确保基层的教学活动能够产生真实的成果，并确保这些活动真正有助于教师的个人发展。通过建立学校与学校合作的基础教学组织结构，强化教师在理论方面的学习，以及优化与学校合作相关的制度安排，这些措施能有效地推动教师专业成长。

"在教研活动结束后，教师们不仅会积极地学习理论知识，还会主动与其他教师进行深入的交流和讨论。当遇到疑惑或困惑时，他们也会寻求专家的建议和指导。在整个教研过程中，专家们也为我们提供了大量的指导和帮助。因此，教师们需要进行反思和重构，并在有限的时间内重新组织课程。这样的教研活动是每一位教师都必须认真准备的，不能有'偷懒'的情况。现在，我能清楚地感受到教师们的进步，以及他们在课堂上的表现与过去相比有了显著的变化。"（HY001）

"在教研过程中，专家也给了我们很多的指导与帮助。教研活动结束后，我们教师还要进行反思重建，抽时间上重建课，要认真地准备。现在我能清晰地感受到教师的进步，教师在课堂上的表现和以前相比发生了很大的变

化。"（HY002）

"我的收获就是与时俱进了。原来我就在基础教育岗位上，现在这些新生的力量，他们都是年轻的，肯定比我要年轻，所以说他们来了，要是有更新的观点，或者说更好的意见，我觉得就是与时俱进，我可能是落后了，我应该再修一修，再学一学。我就是这样的感受。"（JS007）

因此，从教师职业成长的视角来看，构建学校与学校合作的基层教学组织需要教师进行深入的理论学习，需要经常组织产业人员参与的协同教研活动，并需要高校基层教学组织人员与基础教育学校教师之间的充分沟通与合作，从而推动双方教师专业发展。

（2）存在的问题。

通过一年的研究与实践，案例B建立了"校—校"合作的基层教学组织模式，促进了教师对行业发展与行业实践的了解，建立了与中小学沟通交流合作的平台，促进了合作学校教师的理论水平，大幅提高了基层教学组织的效能。有力促进了教师的专业化发展。但在本课题的研究过程中，也发现了一些问题与不足，主要表现在以下几个方面。

首先，校—校合作反向激励教学相长的制度建设还亟待加强。从专业建设、教师专业发展与社会服务来看，案例B已经在学校各二级学院中处于优势地位，部分教师对经济社会发展实际了解不够，对地方行业人才需求的调研不够，个别教师存在"重科研轻教学"的倾向，教学投入相对不足，科研成果没有转化为有效的教学资源。此外，还缺乏高水平的、影响力大的成果。在访谈中，一位老师说：

"学院发展很快，大家都感同身受，不像以前死气沉沉的，也没有活力。但现在大家平时似乎也都太忙了，忙于上课、忙于科研、忙于学校安排的各项事务，不能静下心来好好备课，不能好好探索使用新的教学方法，况且学生积极性也难以调动，参与度低，发言水平低，研讨质量不高，弄几次就没劲了。当然，学校还是严格要求教学的，还会经常督查、检查、听课等，大部分老师还是很用心、很有责任心的。但现在评职称、评奖项都和科研论文、项目息息相关，要是想上进的话，科研肯定要投入很多，教学自然受到影响。"（JS007）

上述这位教师的心声，可能是当前青年教师们的普遍心声。作为一所应用型本科院校的教师，他很清楚自己的职责使命，知道自己该干什么，不该干什么，更清楚教学工作的重要性。但在具体的执行环节，因评价体系等的导向作用，这位老师不得不屈从于现实。这种现象和趋势，不仅仅在T学院出现，在其他高校也同样存在，近年来的"躺平"现象、"橡胶人"现象等，可能都是人们对现实无奈的反应和不自觉的妥协。因此，引导推动教师安心乐教、专心从教，以科学研究反哺教育教学，认真研究应用型人才培养规律，吸纳行业专家参与基层教学组织活动，构建与专业人才培养目标相适应的课程体系、实践体系等，这是提高应用型人才培养质量的根本保证。

其次，校校合作的意识需要加强。一是教师参与基层教学组织活动的认识需要进一步加强。在本课题的研究实践中发现，一些教师对"校—校"合作的基层教学组织的认识不到位，自主参与的程度不够高。在"校—校"合作的基层教学组织方面，个别教师存在形式化、功利化的现象，有的教师只是为了完成一定的任务而进行的，谈不上有什么实际意义。二是教师的教研水平需要进一步提升。通过本课题的研究与实践，教师参与"校—校"合作的基层教学组织的积极性有较明显提高，但教研水平还有待进一步提升，在通过管理机制吸引教师参与"校—校"合作的基层教学组织的过程中，还要加强对教师的培训，优化他们的专业素养，提高他们的教研能力。三是有效的"校—校"合作基层教学组织机制需要进一步完善。"校—校"合作的基层教学组织只有在有效的制度保障下，才能得到真正的实施。没有必要的制度保障，"校—校"合作的基层教学组织不可能顺利开展下去。"校—校"合作的基层教学组织保障机制是建立在实际状况基础上的，这样才能保障其运行的有效性。因此，伴随学校发展，要不断完善"校—校"合作的基层教学组织机制。

"也需要一定的经费。学校如果有专款专用的话会好一些，因为有的时候，比如说你下去的时候，你需要有路费、旅餐费，你需要请校长来跟你谈，是不是得吃顿饭，边吃边谈呢，有的时候我们下去都自己掏腰包。所以经费也是个问题。一个是下放权力。比如说我们请谁，怎么个请法，这个学校不要过多地干涉。我们现在可难啦，比如说我们请来的人，要给他们发点课时费都发不下去，学校应该放手我们要做的事情，我们肯定会按照原则自己去做，我就觉得这个权力要下放。否则的话，那就是一件事情，本来是这个学院的事情，却要请示这个处、那个处，最后要到大领导签字，这就太麻烦了，也不利于我们开展，不利于基层教育组织的建设和沟通。"（JS007）

校—校深度合作，实现了基层教学组织与基础教育学校的技能合作和制度创新，一定程度上达到了供需有效对接。但在组织网络中，制度欠缺现象严重。

从观察结果来看，双方都能按时参加会议，发言主要由基层教学组织负责人发起，活动初期，成员之间比较陌生，发言不是很积极，而且都是被动发言。随着召开会议次数的增加，双方都能主动交流且产教融合参加会员都能主动发言，互动比较好。

（三）专业建设类基层教学组织运行模式——案例 C

案例 C 代表"校—政—校"合作的基层教学组织运行，多元主体协同参与，主要有高校教师、教研员和小学教师，以专业人才培养方案，主要包括相关的专业实践、技术服务和实习工作为主要标志。

1. 共同目标

在应用型本科院校"校—政—校"合作的基层教学组织中，两所学校分别指的是应用型本科院校基层教学组织和中小学校，而政府则是指教研员和教研员队伍，他们可以在一定程度上取代政府的角色，以促进大学和中小学之间的合作。在此背景下，研究教研员这一身份特征具有重要意义。教研室为边界组织，教研员为边界工作者。教研员具有一定程度上的行政属性，同时又有较强的学术身份意识，能够通过参与学校内部管理来实现对自身专业能力的提升。教研员身为边界工作者，他们对大学和中小学的价值观、利益追求和运营方式有深入的认识，这也使他们更容易得到广泛的认可和接受。教研员作为一个独立的第三方，在处理大学与中小学之间的囚徒问题上展现出了明显的优势。

"校—政—校"三螺旋合作模式是指应用型本科院校基层教学组织主动寻求地方政府（地方教师进修学校）指导支持，并在其帮助下与地方中小学校进行互动交流，通过组织结构安排、制度设计、机制整合等，加强应用型本科院校、政府、中小学校三者之间资源与信息的共享利用，从而提高资源配置效率和使用效能的一种模式。在这种模式下，地方政府作为掌握公共资源和公共权力的组织,是合作关系的倡导者、推动者,制定政策、出台指导意见、提供条件支持、协调校—政—校关系等,以保证三方稳定的互动与交流;地方高校作为区域经济社会发展的参与者、驱动者、服务者,成为人才供给、新知识、新技术、新方法的源头,制定知识型经济的生成规则;中小学作为人才需求方,为促进高校人才培养、科技创新、成果转化提供孕育土壤和试验田。

2. 参与动力

一般来说,促使系统运行的动力常来源于系统内部各相关要素之间经相互作用而产生的内部运行驱动力,以及该系统与外部环境在相互作用下所产生的外部驱动力。因此,在校—政—校合作关系中,必然需要三个合作主体发挥各自优势特点的驱动力,在政产学合作过程中推动各合作主体实现合作共赢。Tjosvold D 认为,目标正相关的合作并不是给予利他,而是基于自利的驱使要求他们合作;竞争性工作则为了自利而相互争输赢。同时,仍存在着实现其社会价值的诉求。作为一所地方普通院校的二级学院,学院紧密结合地方经济社会转型发展契机,在短短的时间,探索出了一条不同寻常的校—政—校合作之路。

(1) 产业驱动下的专业人才培养动力。

所谓音乐教育,就是以音乐为载体,对个人思想情感、思维品质、知识技能等方面施加影响,以达到提高知识技能为目的的全部教育。艺术在当代生活中的作用是难以量化的,它具有缓解压力、放松神经、陶冶情操和提升个人气质的多重功能。近几年,随着居民生活质量的持续提升和音乐市场的快速扩张,音乐教育市场的规模也在不断扩大。近年来,国家相关部门高度重视艺术教育工作,并出台了一系列促进艺术教育行业发展的相关政策,在国家政策支持力度不断增大的背景下,艺术教育产业发展步伐不断提升,而音乐教育作为艺术教育之一,其产业发展不断走向良好。

从产业链的角度看,音乐教育产业链的上游部分主要是由技术、资源、软件和硬件提供的;中游代表了音乐教育的一个重要渠道,它包括了各种线下教育途径,例如音乐培训中心、教育机构,以及线下的音乐陪练和在线音乐教育平台;下游是终端用户以及音乐教育相关的延伸内容等。伴随着多年的不断壮大和经验积累,中国音乐教育市场的规模逐步壮大,相关产业也逐渐走向成熟。随着市场逐步达到饱和状态,音乐教育行业的内部投资和融资行为开始减少,这进一步导致了音乐教育行业的繁荣程度持续下降。

根据行业内的分析师所说,音乐教育是艺术教育的一个重要分支。近些年,随着政府对艺术教育的持续支持,音乐教育行业的规模也在稳步扩大。经过多年发展与积累,我国音乐教育市场趋于成熟,行业内投融资事件有所下降,但随着互联网普及率持续提升,在线音乐教育行业发展速度加快,并逐渐成为音乐教育市场增长重要驱动力。

(2)政策驱动下的教师实践能力提升动力。

要执行教师教育振兴的行动计划,构建一个以师范院校为核心、高质量的非师范院校参与的具有中国特色的师范教育体系,并推动地方政府、高等教育机构和中小学三者共同参与教育。我们致力于全方位提升高等教育机构和中小学的教师素质,目标是培养一批具有高素质、创新能力和专业素养的教师团队。致力于增强教师的专业技能,并推动教育的深层次发展。构建学校级别的教师成长平台,组织各种研修活动,进行教学方面的研究和指导,以推动教学方法的改革和创新。强化各个学院和系的教研部门以及其他学习共同体的建设,并确立一个完整的传帮带制度。全方位地进行高等学校教师的教学能力提升培训,特别是针对新入职的教师和年轻教师,以培养高等学校的新一代人才。

因此,为了让产教融合的基层教学组织能够充分发挥其应有的功能,有必要对现有的教学机制进行全面改革,以改变固有和现实之间的张力关系。不夸张地说,将产业与教育相结合的基层教学组织不仅代表了一种理念和价值的追求,也是教育改革实践中的一个重要需求。

(3)社会需求驱动下的美育服务动力。

从上述访谈内容来看,中小学教师与基层教学组织开展教研合作,都是受学校外部动机影响,无论是主动去寻找合作对象,还是对合作对象进行选择,合作者对研究话题的兴趣都是基础。合作的前提是合作双方要有共同的兴趣。

教师之间互动的内在驱动力,主要来自教师自身的专业成长需求。无论是大学教师还是小学教师,在其专业成长过程中都面临着各自的挑战和问题。从我个人的视角来看,教师专业发展可以被定义为:通过有系统的努力来改变教师的专业实践、信仰和对学校及学生的理解,这是"它强调教师个人知识和技能的掌握,以及教师生命质量的提升"的一种方式。深入了解教师在专业发展过程中所面临的各种问题和挑战,将有助于我们更全面地了解教师在"大学—中小学"协作交换方面的行为模式。

3. 合作效果

（1）合作成效。

首先，优化学科专业，创新人才培养模式。要达到管理的和谐运作，一是需要明确关系并明确各自的职责和权利。学校的教学管理部门需要加强宏观层面管理，提升基层教学组织运行的主观能动性，强化基层教学组织的功能，并将管理重心和责任下放；二是以精简、统一和效能为原则对大学组织结构进行调整。依托学科建设，依托专业建设，根据学科设置学院，根据特色开设专业，确立了校院二级管理体制的基层教学组织。在确保管理运行目标达成的同时，管理机构设置力求少而精，从而降低不协调运行现象的发生；三是以权责一致为原则明确各个管理层次的基本职能，学校层面以宏观领导与决策为主、学院层面以组织管理为主、系部层面以教学与科研活动为主。

"不同还是很大的吧，首先第一个，如果有行业人员参与的话呢，可以让所有参与的老师能够更加清楚地了解到行业的现状，以及行业当中急需解决哪些问题。那么这可能是我们培养的学生所面临的很重要的一个问题，也可以帮助各位老师更好地完成课程改革，也就是在今后的课程当中注意加强哪些方面。所以我觉得这个区别还是很大的，可以让老师们更加了解行业现在发展的现状，以及急需解决的主要问题，老师可以更加有针对性地把自己的课程改革朝这个方向来靠近，更好地解决实践当中出现的问题。"（FZR003）

年纪较大的学科教学法教师虽多数具有中小学教学经历，但是他们在教学理念、教学经验等方面已经落后于时代。新进教学法的老师学历相对较高，一般都是硕士或者博士，但都脱离了中小学的课堂。针对目前高等师范院校学科教学法教师的状况，应邀请教研员参加基层教学组织活动，发挥校—校合作桥梁作用。

其次，构建产学合作模式的基层教学组织，促进双师型队伍建设。在2018年10月发布的《教育部关于加快建设高水平本科教育全面提高人才培养能力的意见》文档中明确指出，应根据学校的具体情况，构建和完善多样化的基层教学组织结构，广泛地开展教育和教学研究活动，以提升教师在现代信息技术与教育教学方面的深度整合能力。在《教育部关于深化本科教育教学改革全面提高人才培养质量的意见》文档中，明确提到了加强基层教育组织的建设。鼓励高等教育机构建立一个由校企、校地和校校共同参与的协同教育中心，以形成一个融合校内外资源的高质量教学创新团队。在2019年，学校与通化市人民政府以及各个县市区签署了全面的战略合作框架协议，并制定了22项具体措施以服务通化经济发展。学校还与通化市人民政府联合举办了"双百双进"启动会议，并开展了双向互聘的活动。自2020年学校被列为"吉林省特色高水平应用型大学建设"的一部分后，学校结合其地域特色和转型发展策略，创新性地提出并执行了"产学合作"（UIC）作为基层教学的组织模式。该教学模式是基于"双百双进"活动而构建的，它将聘到的专业人士整合进学校的基层教学组织，以便在人才培养计划、课程教学大纲以及产学合作与协同育人的课题中，实现共同的学习和交流。通过建立基于产学合作的基层教学组织结构，成功地推动了双师型教师团队的建设。在应用型本科院校的基层教育机构中，教研员通常更易于理解和接纳大学的话语结构和实践模式。教研员在参与基层的教学组织活动时，应持续关注并学习课程改革的理论与趋势，并共同探讨国家的教育指导原则和政策。

（2）存在问题。

首先，产教融合基层教学组织的内外部考核评价机制不到位。由于T学院为师范类院校，教师教育专业办学优势突出，工科办学基础薄弱，经验不足，且办学成本高、投入大，致使工科专业建设慢、数量少。尽管取得了上述不少成绩，但也只能按照模仿、学习、消化、提升的思路去办学。同时，受地方院校思想观念、师资队伍、办学条件等影响，学院在工科教学中还存在显著的师范专业办学的惯性和痕迹。学院在工程意识、工科办学经验、行业融合度、参与度等方面依然存在不小差距。尤其是面临社会对工科人才的迫切需求，学院尽管与专业学会、行业协会、产业企业等建立了密切的联系，但对新开办的工科专业来说，还需要经历很长一段时期的理解、消化、实施、吸收、内化、提高等过程。

面对新经济、新业态发展需求，一要进一步明确办学方向定位，加强与区域产业企业融合发展，不断优化专业课程体系，凝练学科专业特色。二要进一步明确专业质量建设标准、专业认证指标体系，深化学院教职工对人才培养目标定位的认识。三要进一步加强行业能力需求调研，特别是区域经济社会发展对人才专业素质、专业知识和专业能力需求调研，持续优化校企合作育人模式，吸纳行业专家参与学院人才培养方案的修订及培养全过程。四要进一步争取内外部资源支持，加大对新建专业的投入，特别是新办工科专业的投入。五要进一步强化内涵建设，加大与企业行业的深度融合，强化学生应用能力培养。

其次，重科研轻教学的考核评价机制不平衡。近年来，由于案例 C 青年教师引进多，学生规模也在持续扩大，教师整体教学、科研、服务压力较大，尤其是在科研项目等各类经费、检查、考核都实行科研考核的情况下，填写各类项目任务书占了大量的精力，而这些还必须依靠老师们参与支持。另外，青年教师面临着职称评审，新入职博士还面临着聘期考核等科研重任，加之我国高校传统的重科研奖励、轻教学支持的传统，直接导致部分教师对教学投入精力不够，主动承担教学任务的热情不高，教学质量意识不强，教学潜能没有充分发挥。此外，部分教师还存在教学改革的动力不足，对教学研究、新的教学方法探索不够，对学院专业建设、教学改革参与度不高，教学任务不求高质量，只求说得过去，没有把本科教学作为专业教师自身的职业追求。

鉴于此，一要进一步强化对人才培养的认识，建立重视本科教学的氛围与环境，推动教师安心教学、乐于教学、专心教学。二要健全评价机制与评价政策。多维度考察专业教师教学、科研、社会服务等方面的成绩与贡献，完善向教学一线倾斜的分配机制，让专业教师能够潜心教学。三要推进教学奖励政策与科研奖励政策同步，提高对教研成果、本科教学业绩、优质课程等奖励标准及奖励面，激发教师的教学研究及教学热情。四要在职称晋升、岗位聘任过程中，将本科教学的数量、质量作为重要的考评指标，根据不同学科类别与性质，对专业教师分类评审，同时扩大"教学为主型"高级职称的比例，让不同类别的专业教师都有进步的希望与空间，引导教师把主要精力和时间投入本科教学过程中，不断提高本科教学质量。五要强化科研对教学的促进作用，把学科前沿、学术成果、项目内容等真正转化到教学内容之中，形成优质教学资源。

从观察结果来看，大家都能积极参会，会议基本以基层教学组织负责人发起，主题主要以师范类专业相关为主，包括人才培养方案、教育实习、课程教学大纲等，整体上来，三方积极发言、积极讨论，三方合作效果好。

三、案例比较的结果与讨论

上述案例呈现了产教融合基层教学组织运行中形成的典型实践模式，包括课程教学类、教学改革类和专业建设类运行模式三类创新实践。三种运行模式参与的主体不同，建设背景不同，既彼此相互关联，又各有特征：课程教学类运行模式合作难度最小；专业建设类运行模式难度最大；教学改革类运行模式的难度适中。组织实现创新须通过制度化的过程获得合法性，并成为一种"理所当然"的组织实践与社会现实。因此，上述案例在运行实践过程中可以提供总结性规律，结合协同理论、实践共同体理论和新制度理论对产教融合基层教学组织运行开展研究，具体包括参与主体和运行逻辑两个维度，整个实施过程如图 5.1 所示。

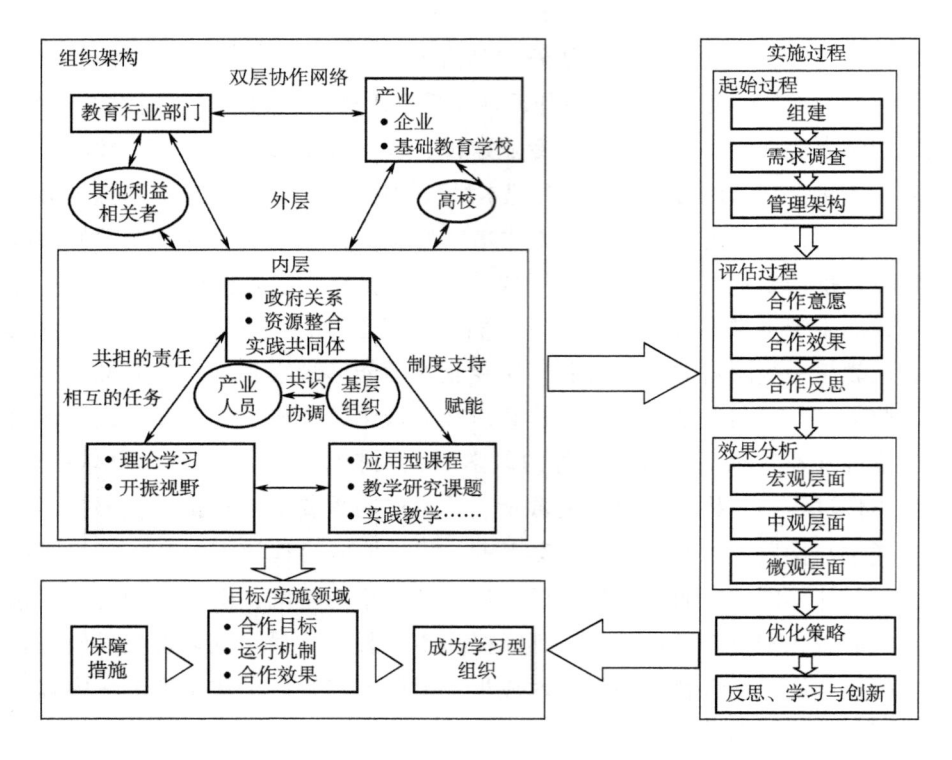

图 5.1 基层教学组织运行实施图

（一）基于共同目标和合作效果的案例比较

通过研究发现，案例 C 的合作度最深，合作内容最为丰富，合作目标明确；案例 B 次之，合作内容也比较丰富，合作目标较清晰，但是三方沟通效果欠佳；案例 A 的合作程度最浅，停留浅层次的合作，合作目标不够聚焦。进一步分析，发现案例 C 能达到好的效果，与参与主体的合作动力密切相关。

根据实践共同体理论演绎，产教融合基层教学组织要相互卷入、合作责任和共享资源，进而实现合作各方的最大效益。

（二）基于参与动力与制度支持的案例比较

制度是产教融合基层教学组织有效运行的重要保障条件。通过上述案例分析可以看出，制度支持的重点指向制度政策、经费和信息供给。制度支持在本研究中主要体现为应用型本科院校的制度保障，主要选取案例学校对基层教学组织的支持，以及企业对适应岗位需求的人力资源。通过比较，发现协调支持是产教融合基层教学组织运行的重点。如案例 B 双方存在优势互补，有共同的愿景，合作行为越是支持鼓励，合作效果越高。

（三）基于案例研究的经验

通过上述对产教融合基层教学组织运行模式的比较，本研究对多个案例研究的经验进行总结与反思，从产教融合基层教学组织运行中的参与主体、共同目标、参与动力等来梳理其成功经验，聚焦于运行的总结。

1. 共同目标是应用型本科院校基层教学组织实现产教融合的基础条件

三类典型运行模式案例中，无论哪种运行模式，都以构建实践共同体为共同目标，以此为核心取向，随着合作程度的不断加深，向合作文化扩展。专业建设类运行模式的产教融合基层教学组织目标最为丰富。而实践共同体的内在构成要素以及应承载的社会价值，也随着运行模式的不同而存在差异。

2. 资源支持是应用型本科院校基层教学组织有效运行的关键要素

参与主体组织动力的优劣，关系着合作的强度。以上三个案例中，无论是产教融合基层教学组织还是参与协同教研的产业，参与主体的资源越丰富，服务能力和吸纳能力越强。上述三个案例，都呈现了不同程度的资金障碍。研究发现，以专业建设类为代表的产教融合基层教学组织运行模式比较紧密、有主动合作意愿，且双方互动好，如案例 C。这主要表现在产教融合基层教学组织运行中。

3. 沟通机制是推进应用型本科院校基层教学组织高效运行的动力源泉

产教融合基层教学组织参与主体各有主体职责又有差异性，以培养社会需要的人才岗位需求为目标。当出现供需失衡时，产教融合基层教学组织的参与主体出于共同利益追求和资源差异的考虑，要不断进行彼此沟通、研讨，使其能够有效运行。提高沟通支持力度，有利于提升运行效能和提供保障支持，这是产教融合基层教学组织运行的生存条件。

四、本章小结

本章采用多案例研究方法，对基于产教融合的应用型本科院校基层教学组织运行模式的整体运行过程进行分析，通过收集分析每一类基层教学组织的一手、二手资料以及与相关人员的访谈，对课程教学类、教学改革类和专业建设类三类基层教学组织运行的典型案例进行探索。本章逐个分析了三类产教融合基层教学组织的共同目标、参与动力和运行成效，并进行了案例研究经验的总结与反思。

研究发现，课程教学类基层教学组织、教学改革类基层教学组织和专业建设类基层教学组织运行模式是应用型本科院校基层教学组织运行模式的三类具体样态，三种模式层层递进，相互关联，体现微观、中观和宏观的运行模式：课程教学类基层教学组织合作最松散难度最小，教学改革类基层教学组织运行模式难度适中，专业建设类基层教学组织运行模式合作最深入难度最大。专业建设类基层教学组织运行模式中包括课程教学类和教学改革类，但反之则不成立。现阶段，应用型本科院校基层教学组织建设中，以课程教学类基层教学组织和专业建设类基层教学组织运行模式为主。

实践共同体的构建、更具丰富性的保障条件、政策支持和沟通方式，是课程教学类、教学改革类和专业建设类运行模式的重要前提条件。参与主体间的有效运行是基层教学组织运行成功的重要保障，保障力度有利于提升基层教学组织运行质量。同时，产业参与基层教学组织协同教研的复杂性，对产业的衍生职能提出更高的要求。产教融合视域下基层教学组织参与主体的职能缺位、共同目标的多重价值缺位、组织运行保障缺位，是基层教学组织运行模式运行不畅的根源所在。

第六章　产教融合基层教学组织运行的影响因素分析

上一章对不同类型产教融合应用型本科院校基层教学组织运行模式进行了案例分析，对三种类型基层教学组织的合作成效和存在问题进行了剖析，本章将对应用型本科院校基层教学组织运行的影响因素展开分析。基于新制度主义理论，首先从制度层面分析产教融合基层教学组织运行的障碍，其次从组织层面分析产教融合基层教学组织运行的障碍，最后从个体分析影响产教融合基层教学组织的障碍。

一、基层教学组织运行影响因素的分析框架

（一）影响因素的构成分析

所谓的基层教学组织，是指在各个学院（部门）或学院（部门）之间，根据专业或课程进行设置的教学机构。这些组织直接负责、组织和执行教育和教学任务，同时也进行专业、团队、课程的建设，以及教学改革和研究等相关工作。当前应用型本科院校处于建设的关键期，其发展得到了国家和社会的关注。应用型本科院校基层教学组织按照参与主体不同，分为三种类型，包括校—校合作、校企合作和校—政—校合作的基层教学组织。不同的性质也就决定了其人员构成、运行模式、研究的战略层面以及研究价值的不同。基层教学组织是高等教育高质量发展的基础与核心，不同类型的高校建设模式有差别，面临的内外部环境也有所区别，所以其影响因素也更为复杂。

在《关于加快建设高水平本科教育全面提高人才培养能力的意见》（教高〔2018〕2号）文档中明确提到，应根据学校的实际情况，构建和完善多样化的基层教学机构，广泛地开展教育和教学研究，以提升教师在现代信息技术与教育教学方面的深度整合能力。2019年10月21日，教育部发布了《关于深化本科教育教学改革全面提高人才培养质量的意见》，其中强调了支持高等

教育机构建立由校—企、校—地和校—校共同参与的协同教育中心,以形成融合校内外资源的高质量教学创新团队。我们应当将教学管理团队的建设视为与教师团队建设同样关键的任务,制定针对性的培训方案,并为他们的职位提升提供一个有利的制度环境。因此,我们需要研究应用型本科院校基层教学组织面临的外界环境和所处状态,剖析应用型本科院校基层教学组织运行的制约因素,探索应用型本科院校基层教学组织建设模式。

影响产教融合基层教学组织运行的有外部因素和内部因素。其中,外部因素是影响基层教学组织运行的关键因素,也是决定基层教学组织建设模式的核心因素。外部因素主要体现在制度层面,包括经济因素、政治因素、社会因素。经济因素为应用型本科院校基层教学组织运行提供了物质基础,政治因素为应用型本科院校基层教学组织运行提供了制度保障,社会因素为应用型本科院校基层教学组织运行提供了不竭动力。内部因素包括制度环境、资源环境和文化环境因素。制度环境是组织运行的骨骼,资源环境是组织运行的血液,文化环境是组织运行的灵魂,三者作为基层教学组织存在的组成部分,缺一不可。图6.1为应用型本科院校基层教学组织运行的制约因素框架图,该图清晰地反映了因素之间的层次关系。以下对制约基层教学组织运行的3个外部因素和3个内部因素进行探讨。

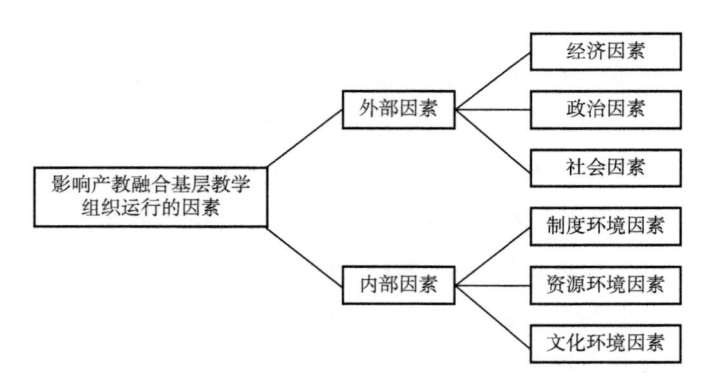

图6.1　影响产教融合基层教学组织运行的因素

(二) 影响因素的理论框架

本项研究运用了扎根理论作为处理访谈数据的方法论。卡麦兹和亨伍德将扎根理论的定义为:"通过收集资料以及对资料进行比较后,我们需要接受资料提供的所有可能的理论解释,然后通过不断编码建立新的范畴,对所收集到的资料进行暂时性的解释。然后，我们重新返回现场继续收集资料，以检验范畴的完善程度并不断完善范畴"。本研究通过对访谈录音资料的收集和编码分析，最终获得了产教融合基层教学组织运行影响因素的理论资料，这些访谈文本资料是本研究的重要基础数据。对访谈文本录音资料的整理主要利用了 Nvivo 12 软件进行分析，通过对访谈文本数据进行三级编码，探索资料数据中凸显出的主题，从而确定影响产教融合基层教学组织运行的各种因素。

1. 开放编码

研究者通过分析受访者原始语句的叙述，从访谈文本资料里抽取到本土概念，通过对概念进行直接命名的方式，对访谈获取的文本资料进行开放编码，从而对开放编码进行类属。具体操作方法为：第一步，梳理了 12 人的访谈文本数据，对过于模糊的语句进行删除；第二步，对有效访谈内容整理后，进行开放式编码；第三步，对开放编码归纳内容，形成范畴。经过多次分析和整理，最后抽象出产教融合基层教学组织运行的影响因素的初级类属，整理结果如表 6.1 和表 6.2 所示。

表 6.1 外部因素开放编码部分示例

原始语句	开放编码
有的中小学老师也提出来说，比如说我去给你们学校参加教研活动，可不可以把这个参加活动的工作量，算在我们学校（中小学）的工作量里面	薪酬待遇
现在，就是企业的人积极性不高，属于单向输出，我们也是靠与他们长期的专业实习、见习的这些事，人家（企业人员）才给面子来参加活动（产教融合基层教学组织），要不然人家根本不来。不过，我们老师的确是受益	动力不足
受这几年疫情影响，我们单位效益一般，平时也比较忙，现在物价也上涨，感觉压力很大，就是尽量把自己的工作干好	效益不好 物价上涨
国家比较重视校企合作，学校也是开展了"双百双进"等很多活动，地方政府也签了好多协议，但是，这些都是宏观层面，具体如何落地呀，没有具体的指导，也没有评价呀，所以就是不好弄	国家政策 省里政策
比如说，师范类专业认证，就是要求与基础教育有实践合作，现在，出台了一些政策，力度还是不够	学校政策
现在大环境就是这样，企业现在生存多难啊	社会环境
社会发展多快呀，跟不上形势，需要学习的东西太多了	社会发展

续表

原始语句	开放编码
你说，咱们一起活动，有时候，就咱们自己不行，还得需要社会一些支持啊，我们学校根本没有钱啊，你们能比我们强一些，要是有社会上的组织赞助就好了，有点异想天开啊	社会支持

表6.2 内部因素开放编码部分示例

原始语句	开放编码
比如说，我申报一个项目，中学老师一起进行研究，咱们学校会在我评职称的时候加分。但是，在他们教育局那里评职称是不加分的，不认咱们学校的这些相关的成果	激励政策
来咱们学校参加教研活动，一般只能晚上，肯定不能占他白天的时间，因为中小学时间很紧的，人家（学校）考勤，你几点来的，几点走的都要考勤，所以，就只能占用个人休息时间	时间冲突
最开始请中小学老师来参与教研活动，完全靠我叫（找）我同学、好朋友、再加上我的毕业生，因为，这些都是看我的面子来的。后来学校也说要给支持，还是希望学校重视吧	沟通机制 顶层设计
企业人员的实践方面比我们强多了，学校整体的情况不是很好，有的时候也会有意见不一致的时候，直接就换下一个话题了，就不说了	冲突解决
我觉得应该搞点活动啥的，就像团建似的，这样能增进感情，就是咱们学校自己的教研室也应该这样做，这样也能有凝聚力。定期开展一些，整体的精神状态也不一样，也会有一种归属感	精神文化
以前开展活动是现场交流看看讨论什么，时间长了，现在基本上是提前商量说什么，还是不太明确，有点乱	目标不明确
你说，像咱们这个年龄真是上有老，下有小，压力比较大，就是感觉时间不够用，真是没挤太多精力干点别的，咱们每次开展活动（基层教学组织），其实，我都感觉压力很大	精力不足 适应能力
经常和同事说，参加活动特别好，每次都有收获，挺期待的。交流的也很多，比如针对实验课，我们实验设备不先进，通过沟通，我们学生去你们学校参观实验室，老师还给指导如何使用显微镜	合作意愿 合作内容
过教师节的时候，要是能给参加活动的老企业人员送点小礼物就更好了	物质文化
在企业天天上班，每天重复工作，能到你们学校参加活动，能为你们做点什么，感觉自己还挺有用的	个人价值

通过开放编码在外部因素最终得到薪酬待遇、效益不好、物价上涨、国家政策等9个初级编码，内部因素得到沟通机制、顶层设计、冲突解决等13个初级编码。根据分析整理完成后的初级编码，后续开展主轴编码，并将初级编码内容再进行聚类。

2. 主轴编码

通过对资料与概念间之间的关系加深，研究者要不断地进行深入思考，不断将类别进行整理分析、归纳并分层。如果发现理论体现不完整，还需要对资料进行继续收集。对初级编码进行聚类。聚类结果如表6.3所示，内部因素维度形成了4个主范畴；外部维度形成了3个主范畴。

表6.3　轴心编码部分示例

外部因素		内部因素	
主范畴	对应范畴	主范畴	对应范畴
经济因素	薪酬待遇 效益不好 物价上涨	合作目标	合作内容 目标不清 合作意愿
政策因素	国家政策 省里政策 学校政策	合作文化	精神文化 物质文化
社会因素	社会支持 社会发展 社会环境	制度因素	顶层设计 激励政策 沟通机制 冲突解决 动力不足
		个人因素	个人价值 精力不足 适应能力 时间冲突

3. 核心编码

通过访谈过程编码发现，影响产教融合基层教学组织运行的因素中，外部维度的因素主要来自宏观方面；内部维度主要来自微观和中观方面。据此，将主轴编码为"微观层面因素""中观层面因素"与"宏观层面因素"（表6.4）。

表 6.4　微观层面核心编码部分示例

开放编码	主轴编码	核心编码
薪酬待遇 效益不好 物价上涨	经济因素	
国家政策 省里政策 学校政策	政策因素	宏观层面
社会支持 社会发展 社会环境	社会因素	
合作内容 目标不清 合作意愿	合作目标	中观层面
精神文化 物质文化	合作文化	
顶层设计 激励政策 沟通机制 冲突解决 动力不足	制度因素	微观层面
个人价值 精力不足 适应能力 时间冲突	个人因素	

　　本研究是通过与教师和行业人员访谈数据等个体因素建立的产教融合基层教学组织影响因素理论框架。因此，该理论框架中的影响因素主要是来自微观层面（个体）、中观层面（应用型本科院校基层教学组织）和制度层面。这些因素与教师日常工作和生活紧密联系。同样，它们也体现在产教融合基层教学组织中的个体的日常工作中，但它们也时刻受到区域、经济和政策这些宏观层面因素的影响。那么这些因素在产教融合基层组织运行中如何产生

作用的,哪些因素容易引发运行的现实困境,本研究将从微观层面、中观层面和宏观层面的影响因素进行具体分析。

二、基层教学组织运行的障碍：基于制度层面的分析

新制度理论指出,组织不仅要在一定的技术环境中运行,还一定要在特定的制度环境中生存。产教融合基层教学组织是高等学校的最底层单元,为了获取更优质的资源,必须遵守制度环境的规定,维持其生存与发展。在基层教学组织运行过程中,制度是决定性的因素之一。制度安排不完善或不适应、制度约束过强或过弱、制度执行不力、制度冲突或不协调以及制度外部环境不利等因素都可能成为基层教学组织运行的障碍,需要进行制度分析和改革,优化组织内部的制度安排,提高组织的运行效率和教学质量。

使用新制度理论来探讨基层教学组织运行的影响因素,这些影响因素肯定不仅限于正式制度,还包括社会规范、行为等,这与新制度主义理论学者提出的制度三要素基本符合。本研究希望通过新制度主义理论,全面详细分析影响基层教学组织运行的具体因素。

（一）规制性要素的影响

新制度主义指出,规制性制度的影响是强制性的,人们采用某种特定的行为方式,是因为规则要求必须这么做,否则就会受到惩罚。通过访谈教师发现,大多数教师都说到了一些制度,以及缺少保障性的制度支持。

应用型本科院校对产教融合基层教学组织管理重视不够。T学院校基层教学组织管理存在着问题。在运行机制上,学校对基层教学组织的"责权利"不明晰;二级学院内部管理关系也没有完全理顺,没有人、财、物相对自主权;基层教学组织的资源要素没有得到整合和配置,运行效果受到影响,这导致了应用型本科院校基层教学组织没有形成促进教师实践能力发展的支撑作用。FZR001教师担任基层教学组织负责人10年,积累了丰富的基层教学组织建设经验,通过教育实习和指导学生参加教学竞赛,与基础教育学校的老师建立了很好的关系,但是在开展"校—校"合作模式的基层教学组织活动中,也遇到了很多困难。

"首先经费作为物质保障,然后有政策性的扶持,主要有这两方面。有政

策有经费才能更好活动吧,所以我觉得一个是政策,一个是在经济上或者在发展的导向上。"(FZR001)

"我就觉得这个权力要下放。否则的话,那就是一件事情,本来是这个学院的事情,却要请示这个处、那个处,最后要到大领导签字,这就太麻烦了,也不利于我们开展活动,不利于基层教学组织的建设和沟通。"(JS007)

应用型本科院校基层教学组织建设,发挥优势促进产教融合。但是如何保持"相对"平衡,促进应用型本科院校适应地方经济实现又好又快发展,也始终是应用型本科院校加强产教融合基层教学组织运行需要面对的"难题"。

(二) 规范性要素的影响

新制度主义指出,规范性制度的影响多数是指一种社会压力的内化,是对组织有一定约束力的期望值,同时也是一种社会责任。通过访谈教师发现,有教师认为,学校出台的一些制度,都是约束他们应该怎么做,对他们参加产教融合基层教学组织的积极性产生了影响。总体而言,规范性因素是要通过"监督",对参与动力产生不一样的影响,这些都是要求教师应该做的事情。

应用型本科院校在产教结合的基层教学组织的沟通机制上存在不足。在应用型本科院校实施产教融合的基层教学组织时,如果双方在沟通上存在障碍,很可能会在合作过程中产生间隙和矛盾,甚至可能产生利益冲突,从而导致合作关系的破裂。在学校和行业构建的各级合作平台上,行业工作者与大学的基层教育机构之间的交流和沟通是主要的。FZR003 担任基层教学组织负责人 5 年左右,从事学科教学论工作,是一名工作非常认真的教师,在专业应用型人才方面做了大量的工作,包括修订专业人才培养方案,参与基础教育学校、教师进修学校等单位调研、研论,对行业实践和行业有一定的了解。但是他在与行业合作开展基层教学组织建设过程中也遇到了一些问题,虽然"校—政—校"模式的基层教学组织建设过程中,建设效果很好,对三方都有受益,而且都有强烈的合作意愿,但是学校层面缺乏对行业人员的长效机制和沟通机制,导致行业人员参与的积极性不高。

"我觉得首先一个就是长效机制,如何建立一个长效的机制,另外一个呢,就是希望校方能够建立起一个良好的沟通渠道。因为现在根据我们的了解和沟通,其实我们三方都是非常喜欢这种合作和交流的这种形式。我们沟通和联系的一方面可能是一线的基础教育的老师和教研员。但是呢,从基础教育来看,他们所有的活动都受地方教育局的统一管理,不是说他们想参加这个活动就可以参加,他们必须得到地方教育局的允许和认可才可以,就受到方方面面的限制。一方面,可能他们以个人的身份向学校、向教育局申请或沟通参加活动是比较困难的,他们还要完成自己的教学任务,还要参与咱们的活动,可能时间或者是教学活动的内容会有时间上的冲突。另一方面,其实我们迫切地需要基础教育来跟我们互相沟通和联系,了解到基础教育现在所发展和面临的一些问题,其实我们非常乐于跟他们一起沟通。"(FZR003)

但由于学校尚未建立行业与应用型本科院校基层教学组织之间的沟通机制,而且没有能够整体代表行业利益诉求的场所,行业与应用型本科院校基层教学组织之间的合作仍然停留在点对点的层面,造成合作意向难以达成的困难,在合作过程中都会影响到双方的合作。

(三) 文化认知要素的影响

新制度主义指出,文化—认知性制度的影响主要是通过一些被人们以为是理所当然的认知来让行为者去做。由此可见,文化—认知性制度是一种内在因素,是在各种因素的影响下形成,影响持续性是比较强的。通过访谈教师发现,有教师认为参与产教融合基层教学组织,有的时候还不是很理解,缺少这方面的认识,这也对参与积极性有影响。

应用型本科院校对基层教学组织建设的激励机制不完善。产教融合基层教学组织有效运行与实施,除了需要能够契合岗位需求方案外,还需要建立严格、规范的激励机制为基础。

"我觉得没有激励机制,对于基础教育老师参与基层教学组织相关的待遇真的不多,尤其对于中学教师来讲,他们的时间很宝贵;另一个合作的课题,文件上好像是有一定的政策支持,但还是以高校的教师为主,就是带一个名字,真正参与的也不多。"(FZR001)

激励机制在基层教学组织建设过程中非常重要,能有效地调动员工的积极性,实现组织的目标。学校可以通过精神激励、薪酬激励、荣誉激励和工作激励等方式对基层教学组织成员进行激励。

三、基层教学组织运行的障碍:基于组织层面的分析

组织因素包括:合作沟通情况、合作依赖程度、合作信任程度以及合作承诺,这些对产学研合作的绩效都有积极的作用,而合作各方在合作中的冲突会对合作绩效起到消极的作用。各影响因素如表6.5所示。

表6.5 产学研合作绩效影响因素类型

因素类型	具体因素
情景因素	合作目标明确
	合作各方良好的信誉
	合作的制度化程度
	过去合作经验
	地缘相近
组织因素	合作沟通情况
	合作依赖程度
	合作信任程度
	合作承诺
	合作冲突

通过前文关于产学研合作绩效研究的文献研究,针对产学研合作特点从组织因素与个人因素两方面对影响产学研合作绩效的因素进行了分析。外部因素从多方面作用于基层教学组织,如纷繁复杂的情况、日趋显现的社会问题和强烈的政策诉求,从宏观层面对基层教学组织建设质量产生了不可忽视的作用。与此同时,它也对基层教学组织内部运行产生着不可忽视的影响,具体来讲可体现为个体因素、组织因素和制度因素等。

(一)基层教学组织沟通方式

沟通指在组织内部交流信息,传递信息。这类信息的内容十分广泛,如

新闻、情报、材料、知识、经验、感情、看法、态度等，通常以沟通来源、沟通传译、沟通信息、沟通渠道、沟通接受和沟通反馈6个因素联系起来。组织沟通又可分为正式沟通和非正式沟通两种主要形式。所谓正式沟通就是经过正式组织程序而发生的交流，这种交流在组织中占主导地位，总体上符合组织结构网络及其层次。正式的沟通可以被分为从上到下、从下到上和横向的三种方式，这三种方式也是实现组织内部纵向和横向协调的最主要手段。非正式的交流是在正式的组织流程之外，带有某种情感色彩的多种沟通方式。一个有效的组织沟通是确保组织与其成员、成员之间以及组织与组织之间的关系和谐，从而达到组织目标的关键要素之一。在组织内部，领导者的高效沟通可以促进组织内部的任务分配和合作更为和谐，使组织更好地适应外界环境并增强其应对变化的能力。此外，这种沟通还能加深组织成员之间以及组织内部的相互理解，促进情感的和谐，深化友情，提振团队士气，并使组织变得更加充满活力。

（二）基层教学组织激励政策

制度是一种准则，制度告诉人们能够、应该、必须做什么，或是相反。制度是人与人交往实践的产物，是人的社会关系和交往活动的规范体系，对社会中的个体和群体具有同化作用。制度能够形塑人的价值偏好，约束人的行为活动，影响人的行为绩效。从广义和最终意义上说，所有的制度都是有教育作用的，它们在形成那些构成具体个性的态度、倾向、能力方面是起着一定作用的，这条原则在应用型本科院校的应用方面有特殊的力量。因为学校教育过程主要是以民主的方式或是非民主的方式进行，能够直接影响情感上、智力上及道德上的态度和倾向的形成和成长，从而对社会生活方式产生影响。学校的激励政策为教师参与基层教学组织活动提供了制度保障。

开展活动并不是没有成本的，会涉及资源共享、时间投入、交易成本以及合作可能面临的一些困难，这些都是不得不考虑的成本。因此，开展基层教学组织活动的时候会进行综合考虑，其中最重要的一个考虑因素是能否促进共同的利益。

"你有我需要的，我有你需要的，大家有一个共同利益的时候，这个时候才能合作起来。"（FZR001）

合作本质上就是追求利益最大化。只有将利益高效分配才可能推动合作有序进行。利益分配不合理，合作肯定不会持续和长久。

"合作前一定要把利益大概谈好，参与大学的教研活动，我们能从中得到什么，因为我们也要克服很多困难啊，只有谈好才有利于后面长期合作，谈不好就有碍后面的发展。"（HY002）

"对于自身的提高和高层次的研究我们是非常渴望的，所以回报我们的要求不会很高，如果要给予科研经费支持，我们也会十分高兴的。我们不是为了经费去参与，我们的初衷是为了和大学教师多多交流，共同进步。"（HY001）

（三）基层教学组织保障条件

组织自身有一个无形的属性，那就是某一既定风格、特征、处理事情的方法，而这一切可能比任何一个人或者正规系统下达的指令都要强大。而要对这个隐秘的组织世界有所认识，则需要认识组织文化。因此，著名的管理大师德鲁克指出："管理越是能运用一个社会的传统、价值观和信念，它就越能取得成就。"组织文化可理解为逐步形成并被组织成员所遵循的一系列共同假设、理念、行为规范、惯例和可被认同的标志的统称，即组织精神基础。组织文化属于整体文化中最为微观的一个层面。将文化由宏观层次向微观层次进行编排，可将其编排成全社会文化、民族文化、政治行政文化（或经济文化）和政府（或企业）文化。具体地说，组织文化所包含的意义为，融合问题时所产生的、所发现或者所开发的，并在应用上被视为充分有效。所以它又被认为是组织成员对知觉、思维与情感几个问题之间关系所展开的活动方法，并被用来对新成员进行教育。组织文化指组织在自身存在和发展过程中所面对的外在适应问题以及内在包括组织文化、政治环境和管理实践方面所面临的问题。一个组织与其他组织不同的文化特质常常不在于可观察的地方，而在于难以被直接观察的地方。通常情况下，组织成员对组织文化的接受程度是天经地义的。组织成员若无法接受本组织的文化，则难以在本组织内从事正常的活动。组织文化可被视为组织成员对组织采取行动的政策。不仅如此，组织文化也是一个人掌握其实际运作情况的重要依据。

阿什比指出，大学只有不断适应外部环境变化，同时保持自身的内在逻辑，才能真正承担起大学的社会使命。应用型本科院校应当高度关注基层教学组织的建设，强化组织的领导力，并从制度、资源和经费三个方面为基层教学组织的建设提供优质的工作环境和条件。

基层教学组织环境指的就是组织之外的所有影响基层教学组织生存和实现目标的重要因素。但是，制度概念最有影响的应用是对中间层面组织运行的分析，主要的关注点是社会规则、领域规则及信念的作用。这些社会构建现实为社会生活各个领域非正式组织的建立与完善提供了一个框架。基层教学组织环境主要来自制度、经费和条件保障。

1. 产教融合基层教学组织制度保障

制度保障包括降低各种运行和交易成本等；制度可以解决组织运行效率性地位；制度可以为组织提供合法；制度也可以作为组织从环境获取资源的途径或手段。制度规则与制度构建的影响可以在各个层面上发挥作用。制度理论家提出，从最基本的角度来讲，无论如何也不能再继续认为组织能够以某种方式与文化相分割。人们长久以来接受的是主流的理性系统理论的观点，认为组织是根据普适的经济学规律理性地设计出来的技术工具，特别是那些在市场上进行竞争的组织，而承担文化任务的则是社会的其他部分，如家庭、阶级、政党、教堂、学校。组织遵循理性原则而非文化原则（也许有时那些遵守集体准则或出于情感而非个人利益行动的工人可以除外）。可见，制度在组织运行过程中非常重要。

"主要的原因就是这些行业的人都比较忙。虽然通过一种制度可能把我们这个联系起来，但是联系得不是十分紧密。因为这里面可能一方面就是制度设计不太健全。另一方面，这里面可能有一些利益关系。就是怎么说呢，咱们做的这个制度也好机制也好得对他们产生切实的利益，他才会有这个驱动力去跟我们搞这个合作。就是你没有激励制度、政策的话，老师不会花太多的精力去研究你这个东西怎么样？"（GL006）

"但对于老师来讲呢，他进不进行这个企业行业实践，对他的教学科研、职称晋升没有什么影响。咱也没有规定说我那个完成多少这个行业企业实践，或者取得什么样的成绩，可以用这个职称给我加多少分儿。我觉得主要还是老师的意愿，主要就是我们没有后面推力。那你应该就是给他一个政策性的东西。你比如说我了解的跟不了解的，现在这种情况就是我了解跟不了解的，那它是一样的。对吧，那你这样说你去了解的话，老师实际上是花很多精力的，甚至自己要花一些金钱呢，或者是时间呢，了不了解一样结果，那这样的话，其实老师就没有这个动力了。"（GL005）

"基层教学组织负责人工作积极性不高，没有激励政策，多一事不如少一事，干多干少没区别，而且多干可能多出错，一些人有上述想法，就影响了动力。缺少相关的激励基层教学组织负责人的政策和措施，缺少约束基层教学组织成员必须参加该活动的政策。"（GL004）

"形式上我们有一些相关政策，但是都没有落实，做不到实处，落不下去就很难在实际中解决问题。然后有政策扶持，有政策有经费才更好活动吧。"（FZR001）

"再一个就是希望能够给一些政策，方便建立起一些有效的激励措施或者是机制。所以如果没有一个长效的奖励机制的话，可能老师也不太愿意来，现在基本上都是凭个人关系。"（FZR003）

2. 产教融合基层教学组织经费保障

在建设应用型本科院校的产教融合基层教学组织时，我们不仅需要遵循教育的基本规律，还要确保其与国家和各省市区的政策相一致，同时也要考虑到高等教育机构的实际工作需求，并确保有足够的经费支持，这无疑是一个相当复杂的系统性项目。经过对应用型本科院校的教师进行调研，我们发现在这些院校中，为基层教学组织建设投入的资金相对较少，而大部分的资金主要被用于教学改革和人才的培养。尽管学校一直在强调基层教学组织建设的重要性，但是研究经费和研究环境始终未能跟上。因此，在基层教学组织的建设方面，资金投入的比例相对偏低，这导致了基层教学组织建设所需的资金资源无法得到充分保障。

"可从经费支持入手，对行业人员参加活动给予一定的工时补助，减少他

们后顾之忧，可以腾出时间参与此项活动。"（GL004）

"首先经费作为物质保障，我觉得没有，对于外聘教师相关的待遇真的不多，尤其对于中学教师来讲，他们的时间很宝贵。"（FZR001）

"但是没有形成制度化和规范化，比如说我们请一些老师来，可能就是以课时费的形式作为报酬。刚才说到我觉得建立起一些有效的激励措施是很重要的，比如说学校可以多拨一些经费，或者是下放一些权力。"（FZR003）

"学校要给教师去企业充足的空间，还有一些资金补助。比如说教师去企业，来回的路费都是很多的。其实最大的问题是专项经费，基层教学组织没有任何的经费，向学院申请，也需要学院的审批，但是学院事情也很多。基层教学组织只是管教学，教师的经费要求也不高，能满足平时调研就好。比如说去×××调研，没有经费，教师的积极性不高。经费也不需要很多，象征性地给一下就好。"（FZR004）

"没有啊，咱们基本没有，都是我们自己想的，比如说给老师发个聘书，或者是那个请老师来座谈的时候给买点儿小礼物，别的还真没有，咱们学校方面没有。我们基本上所有的这个活动都是要老师用这个感情来换的，平时我们经常就靠感情，然后好在工作年限比较长，而且毕业生优秀的也比较多，跟老师有联系，这样的话通过打感情牌也能请来一些。"（FZR006）

3. 产教融合基层教学组织资源保障

在应用型本科院校的基层教学组织中，资源的争夺与资源的高效利用构成了产教融合所面对的巨大挑战。为了更好地配置和高效使用各种资源，通过制定和执行发展战略规划来增强核心竞争力和持续的竞争优势，这已经变成了应用型本科院校迈向新的跨越式发展的关键路径。目前，应用型本科院校的基层教学组织建设面临着成员结构单一、组织活力不足和物质建设不完善等问题。因此，利用网络资源平台和加强国际交流，可以有效地保障应用型本科院校在产教融合方面的基层教学组织建设所需的信息和人力资源。

"基础教育老师平常比较忙，工作时间很少有机会能坐在一起进行沟通和交流，可以利用一些互联网平台吧，这样可以突破时间和空间的限制，更有利于交流。首先经费作为物质保障，我觉得没有，对于外聘教师相关的待遇真的不多，尤其对于中学教师来讲，他们的时间很宝贵。"（FZR001）

"因为现在的中小学一线的教师，他们的课时量也是比较大的，平时也比较忙，如果我们临时聘请这些老师过来的话，沟通也是一个比较麻烦的事。"（FZR003）

"还是需要行业人员加入基层教学组织中来，未来行业导向的发展问题和学生就业的选择都是需要的。比如说×××专业的学生将来会干什么，有一个明确的方向，因为他身处行业，包括对未来的行业的前景与发展都会有了解，让学生明白尤其对于新生，不然学生是茫然的，如果企业人员给学生一个导向，那学生对以后的规划是相对清晰的。"（FZR004）

"开展教研室活动，时间比较灵活，基本上就是一周一次、一周开两次或者开三次，然后有时一周可能是开五次，就是只要有事儿咱们就开，或者是这个大家借着这个学校就是学院开会的机会，就人齐咱们就开一开，所以这样的话就是可能这些人（行业人员）不会说随时参加这个会，工作时间不一致，需要有一个线上的固定的交流场所。"（FZR006）

四、基层教学组织运行的障碍：基于个体层面的分析

除了从群体角度分析产业与高校等群体对基层教学组织运行产生的影响，还需对参与主体中个人因素进行分析。从行为经济学角度来看，从人的价值取向、精力和适应能力等方面个体因素角度进行分析也是非常重要的。

（一）个人参与意愿不同

已有文献指出，员工的参与意愿（Willingness to Participate）可以提高组织变革工作的有效性。员工是否对某项计划提出建议的重要影响因素是员工是否自愿参与该项计划。"校企"合作模式的基层教学组织中的企业成员，由于长期脱离高校环境，缺乏共同的知识基础，需要一定的适应时间，这将会

阻碍合作各方的有效交流和理解，从而影响合作的效果。但是行业人员长期在一线工作，对岗位所需要的技能是非常熟悉的，而这些知识的形成也是行业人员长期从事工作所具备和积累起来的知识体系和知识结构。因此，行业人员参与基层教学组织活动中，肯定是给予一定的实践经验的，这对于高校教师来讲是非常宝贵的，高校教师长期在校内进行理论研究，缺少对行业实践的了解，与实践脱节，就不能够将理论与实践相结合。

员工对于活动初期不是很了解，导致了合作深入开展比较慢。在研究过程中，这些基层教学组织有的也基本上是流于形式，且组织相对松散，实质性合作效果也不好。对于合作者而言，交流需要时间和努力，需要花费一定的精力去学习其他学科的知识。必须从始至终解决好知识差异带来的沟通障碍。想要进行合作的研究者首先必须具备丰富的知识，这是开展合作的基本前提。只有熟悉和掌握了多样性的知识，利用不同的内容、方法和方向，才可以合作去有效解决问题。一般来说，在企业的领域里的人很可能基本没有经过专业的教师实践技能的培训，对教师职业的基本的知识不甚了解，这就是应用型本科院校教师与行业知识的差异。解决这个问题，一方面要主攻主要的问题，不在细枝末节浪费彼此时间；另一方面要善于把自己的专业知识用通俗易懂的方式传递给合作者，并且迅速地消除对方的疑惑。这种疑惑在开始很可能是以某一学科领域很不常见的表达方式，且以一种非本学科专业人士的口吻表达出来。

"比如说，老师说上课时使用什么教学方法啊，我就不是特别清楚，我给学生上课的时候，大多数时候就是讲述具体的案例、具体的操作，也不知道是什么方法。我是非教师专业出身，也不懂那些具体的东西。就这样我们都无法沟通，可能还是需要老师给我们讲讲，这样以后能更好地交流。很想在合作之间建立一个'桥梁'，现在就是不知道怎么搭建这个'桥梁'。"（HY003）

对于合作者而言，行业人员容易去掌握本学科领域最先进技术，但不一定能知道这些理论和技术的结合。正如HY003所言："很想在合作之间建立一个'桥梁'，现在就是不知道怎么搭建这个'桥梁'。"知识的差异造成了合作障碍，阻断了合作者进行合作的通道。这些知识需要研究者经过长期探索、交流和储备，才有可能搭建起合作的"桥梁"。这个"桥梁"需要建立在知识学习基础上，合作者相互学习来解决知识差异带来的阻隔，一旦沟通不畅或知识差异形成障碍，合作者将无法合作。

（二）个人参与方式差异

开展基层教学组织活动必须以充足的时间投入为前提，而时间又是研究者最为稀缺的资源之一，很多老师都处于超负荷工作的状态，对于企业和中小学教师而言尤为如此。被访者提出，高校教师缺乏必要的教研时间也是合作难以产生的重要原因之一。

应用型本科院校开展基层教学组织活动，精力投入不足主要体现在行业人员和中小学教师任务太重、没有时间和精力投入教研活动，特别是一些老师教学任务比较重，更没有时间和精力投入活动中。另外，大学教师对基层教学组织活动的精力投入也不足，开展产教融合基层教学组织的主观积极性不高。因此，在T学院组织开展基层教学组织立项建设活动后，各教学单位积极性不高，投入也有限。合作者相互影响，彼此对合作投入不足，自然影响着整个合作效果。

（三）个人适应能力不同

案例学校开展的基层教学组织活动，是新时代高等教育的新型组织形式，高校教师需要适应新鲜事物，适应能力也是影响基层教学组织效果的重要因素。对于基层教学组织而言，适应能力不足表现得尤为突出。一般而言，基层教学组织负责人要具备更强的适应能力，投入多，耗时费力。但学校缺乏培训和指导，教师不愿意提升自己的这方面能力和知识，也不愿意轻易做参与者，本质上还是能力不足。

从组织的视角来看，对于T学院而言，大学如何对待和有效组织产教融合基层教学组织也尤为重要。强有力的政策驱动和有效的组织实施，可以促进研究者开展产教融合基层教学组织。若依然采取常规的基层教学组织管理制度，对新型的组织关注不够，产教融合基层教学组织效果也会受到影响。

"教研的水平、能力，在评职称的时候占了较大的比例，因为教研的难度要比科研的难度大得多，大家都是这么认为的，难度在哪儿呢？他在整个读硕读博期间接受的都是科研训练，没有接受教研训练。教研，在他进入教师这个行业岗位上之后，自己一点点摸索，所以说教研水平不高。"（GL005）

一个组织的稳定性是关键，但其完全的稳定性或固定性显然无法满足外部环境变动的需求，尤其是在面对市场动态竞争时。一个组织不仅需要具备变革性，还应能在维持足够的稳定性的同时，持续地对自身提出各种挑战，不断地识别和改进自身的不足和缺点，以及优化其结构、运作机制和组成元素。只有不断地进行组织的改革和成长，我们才能确保组织的持续存在。从一个系统化的视角来看，组织的变革与发展实质上是一个将输入信息转换为输出信息的系统性过程，这主要表现在变革的驱动力、影响因素以及最终的变革成果这三个方面。应用行为学家和心理学家勒温被誉为有计划变革理论的奠基人。他对组织变革中人的心理状态给予了特别的关注，"解冻—变革—再冻结"是他根据组织成员的心理和行为模式提出的三个变革步骤。

五、本章小结

本章旨在明晰产教融合基层教学组织运行模式的影响因素，通过文献分析确定了基层教学组织运行模式的影响因素的框架。采用半结构化访谈法对三个案例进行深度访谈，逐一对访谈提供的资料进行三级编码，实现对基层教学组织运行模式影响因素的深入剖析，从而提炼出基层教学组织的影响因素的三个方面：在组织政策方面，激励政策影响高校和企业参与产教融合基层教学组织的积极性和参与深度；在个体因素方面，产教融合基层教学组织运行受到个人参与意愿、个人参与方式和个人适应能力等的影响；在外部制度环境方面，由政府部门制定的规范性基层教学组织制度仍然缺乏。在法律法规上，基本上没有具体涉及高等院校基层教学组织的规定，应用型高校基层教学组织的运行模式则更加匮乏。由于缺乏外部行政力量的约束，大学管理内部相对应地缺乏对基层教学组织运行的约束。外部管理制度和内部管理制度的缺失，进一步影响了个人参与基层教学组织的积极性，对教师教学工作和基层教学组织运行产生了消极的影响。

第七章　产教融合基层教学组织运行模式优化策略

产教融合与应用型本科院校基层教学组织合作是国家战略布局，促使应用型本科院校基层教学组织以更广阔的平台，审视和提高应用型本科院校办学质量。面对基于产教融合的基层教学组织运行模式中沟通、动力与保障失衡与缺位，应用型本科院校基层教学组织唯有在职能、结构和目标等核心要素方面，不断优化改革，才有吸引力和竞争力服务产业。通过强化政策制定组织的统领性、加强组织沟通的有效性、完善人员激励机制、保证原本各自组织的正常运行秩序等举措可以完善执行组织的运行方式。立足应用型本科院校基层教学组织供给侧，本章尝试以多元主体合作互惠共赢的实践共同体为目标，建构共同愿景，多主体协同参与、共享资源的基层教学组织目标；动态调整激励因素，优化动力机制；选择合适的产业合作伙伴，建立人员保障、经费保障和条件保障，优化保障体系，最终达到运行模式的优化和办学水平的提升。

一、产教融合基层教学组织运行模式的共同目标优化

在基于产教融合的应用型本科院校基层教学组织的运行模式中，应用型本科院校教师是核心目标取向。研究发现，应用型本科院校教师想了解行业企业实践，但是缺少沟通交流的平台。应用型本科院校教师与行业企业人员的实践共同体并没有真正实现。缺失的原因在于社会逻辑和教育逻辑的缺位：行业企业和高校教师之间共同的愿景尚未建立，产业参与基层教学组织的团队学习机制未有效形成，双方还没有实现自我超越，难以培养具有实践能力的教师。

由此，优化内生动机，建立共同愿景是基层教学组织顺利开展教研活动的关键。从整体运行模式中，需要建立应用型本科院校教师实践能力培养与质量提升的总框架；改革基层教学组织结构，明晰教师实践能力质量提升的

实施内容；建构基层教学组织建设体系，优化实施教师实践能力提升的目标。

（一）构建基层教学组织建设体系

1. 创建 5+X 融合的基层教学组织建设体系

创建 5+X 融合基层教学组织体系，即室企融合、室行融合、室校融合、室室融合、产教融合等 5 个融合。室企融合、室行融合和室校融合都是借助外部力量，为实现专业与课程深度改造奠定基础；室室融合实现了学科交叉融合。5+X 融合体系打破了产教边界、学科边界、高校间边界、地域边界、教与学的边界，建设课程、专业、平台、资源等 X 个信息，建设开放环境下的基层教学组织文化。

2. 实施共研、共建和共享机制，促进产教深度融合发展（图 7.1）

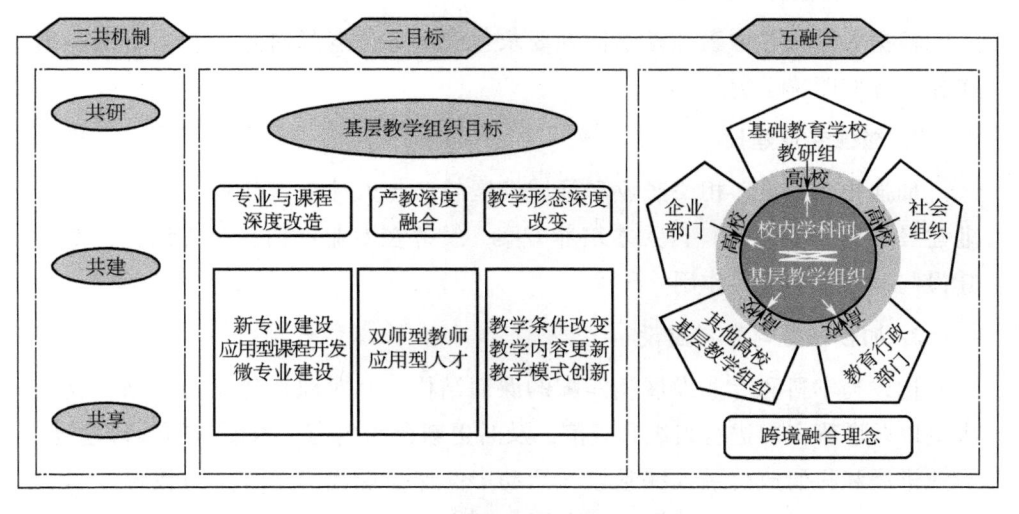

图 7.1 基层教学组织体系建设

共建、共研和共享机制贯穿 5 个融合的始终，共研是指共同进行需求分析；共建是指专业、课程、项目、案例、基地、微专业；共享对象为共建资源。

（二）创建多主体协同的有效沟通方式

1. 建立沟通渠道

建立多渠道的沟通方式，包括面对面沟通、电话、邮件、社交媒体等多种形式，确保信息能够及时传达和交流。

2. 明确沟通对象

明确参与沟通的对象，包括高校、企业、政府等多个主体，明确其职责和权力，确保信息传达的准确性和全面性。

3. 确定沟通频率和内容

确定沟通的频率和内容，建立定期会议和信息交流机制，及时沟通和解决问题，确保沟通的及时性和有效性。

通过建立多渠道的沟通方式、明确沟通对象、确定沟通频率和内容、建立沟通网络以及加强沟通技能培训等措施，可以创建多主体协同的有效沟通方式。这样能够促进多主体协同工作的开展，提高工作效率和质量，推动产业和高校教育的协同发展。

（三）建立共享资源

根据人才培养方案和教学计划要求，确保每位老师对基层教学组织各项工作任务有明确了解。

1. 加强专业建设

加强相关学科、相关产业和领域发展趋势与人才需求研究，制定落实专业建设规划，制（修）订人才培养方案，发挥在专业评估、专业认证、专业建设与改革中的重要作用。

2. 加强课程与教材建设

构建与学科和专业发展相匹配的课程结构，并对课程建设的规划、教学大纲以及课程标准进行组织和规范；及时更新课程内容，将最新的学科趋势、产业进展和科研成就融入课堂教学活动中；加强现代信息技术与教育教学的深度整合，促进在线开放课程和微课的研发和应用；精心挑选或编纂高质量的教材和指导手册，同时进行教材、教辅材料、课件、题库、资源库以及开放课程等多种教学资源的建设工作。

3. 强化实践教学

我们需要科学地制订实践教学计划，确保实践教学环节的规范性，并加强实践平台的建设工作。我们需要加大对课程实验、阶段性实习、综合培训、毕业实习以及毕业论文（设计）的指导力度；对创新和创业教育进行改革，鼓励大学生参与学科和专业的竞赛，以及进行创新和创业的实践活动；致力于建立稳定的校外实践教学基地，并完善产教结合的校企合作和协同育人机制。

4. 深化教学研究与改革

该组织积极推动教师深入研究和实践教学改革，包括人才培养方法、教学内容、课程结构、实际操作教学、所采用的教学方法和工具，以及教学质量的评估，目的是加强教学成果的应用和推广；同时开展课题合作与交流；递交各个层次的教育研究项目、教育品质工程项目以及对教育成果的奖赏方案等；同时积极为学校制定中长期发展规划提供科学依据；经常安排教学研讨和交流活动，举办相互听课、教学观摩和教学竞赛等活动，并进行同行评议；在学校内定期举办各类研讨会，邀请专家作报告；鼓励教师积极参与国内外的教育研讨，并持续关注教学改革的最新进展。

（四）构建四维三阶增值性评价体系

以建设目标、建设内容、建设方法、建设成效4个维度，优秀、合格和待改善3个等级，对基层教学组织进行增值性评价（表7.1）。增值性评价是指新增建设目标、建设内容、建设方法、建设成效，学年初制订增值性建设计划、学年末开展增值性建设评价。

表 7.1 基层教学组织评价指标

一级指标	二级指标	优秀	合格	待改善
基层教学组织评价指标	建设目标			
	建设内容			
	建设方法			
	建设成效			

二、产教融合基层教学组织运行模式的动力机制优化

（一）教育行政部门搭建多元主体间求同存异的交往合作方式

我国《高等教育法》中明确规定，省、自治区、直辖市人民政府统筹协调本行政区域内的高等教育事业，管理主要为地方培养人才和国务院授权管理的高等学校。所以，保障高等教育高质量发展是高等学校和省级教育行政部门的共同责任和使命。由于我国地方高校转型发展的实际情况，高等学校

的功能和定位也发生了很大的变化，省级教育行政部门针对不同类型高校发展需求，有针对性地制订符合学校类型定位的管理办法。新时代，省级教育行政部门应充分发挥其相关职能，为应用型本科院校高质量发展发挥重要作用。

1. 省级教育行政部门要做好协调工作

高等教育在整个社会大系统中占有举足轻重的地位，保证和提高高等教育高质量发展需要社会系统内各方面的共同努力与紧密配合。省级的教育管理部门需要与省级的各个部门更紧密地合作，平衡应用型本科院校与地方政府及相关行业的关系，为应用型本科院校创造更大的发展机会和产教结合的优质环境。在推进产教融合的过程中，各个省级的教育管理部门必须明确产业是其中的一个重要组成部分，并确保政府与市场、高等教育机构与地方政府之间的关系得到妥善处理。在制定培育原则时，我们应当坚持公开、自愿和平等的原则，并鼓励那些满足条件的产业积极参与其中。各个省级的教育管理部门应与财政部门共同加强对资源库项目的监管，以不断提升资源库的建设和应用质量，从而更有效地服务于经济和社会发展。在制度理论应用层面上，省级教育行政部门应以相关法律法规要求为依据，明确教育行政部门本身的管理权责，并负责制定与落实行业介入应用型本科高校基层教学组织建设标准等。从评估角度来看，省级教育行政部门给予必要引导，合理使用行业协会资源，以合理指标对岗位工作进行综合评估，对外部意见建议勇于正视并正确应对，重视市场治理同时强化政府监管。

2. 省级教育行政部门对基层教学组织进行分类管理

不同类型高校基层教学组织的建设目标、建设路径和建设模式不同。要根据本科高校的研究型、应用研究型和应用型的分类，探索基层教学组织的分类管理。

（1）分类制定高校基层教学组织发展规划。

高等教育规划是政府指导、管理高校科学发展最重要的手段。作为省一级高等教育发展计划，它既要落实和反映国家高等教育整体规划目标与要求，又要立足于高校当前现状，着眼未来经济社会发展趋势与人才需求，积极顺应经济发展战略与产业结构调整，围绕优先发展新兴产业、支柱产业与特色产业的需求，根据不同类别高校发展定位、招生规模、专业设置与核心评价指标，有针对性地进行基层教学组织分门别类计划编制，并为高校编制计划提供导向。

(2) 分类制定高校基层教学组织的评价标准。

评价是影响与推动高等教育发展的一种重要而有效的方法。为引导高校理性定位、特色发展，鼓励"同平台竞争、同范畴创优"的高校，要针对不同类型学校办学定位与办学特色，探索基层教学组织多样化评价标准。对于应用型本科院校基层教学组织，重在考察产教融合参与基层教学组织的成效，主要体现培养目标对接产业需求、课程内容对接行业标准、教学过程对接工作过程等方面取得的成效。

(二) 地方政府职能转变，提升服务能力

政府要将重点工作放在支持地方高校在不违背相关法律法规的前提下积极地开展办学工作，加强对高校办学的指导、监控和评估，在此过程中，要帮助各地方高校解决好供需矛盾，更好为地方高校服务。政府应补充和完善与高校相关的各种法律法规，支持社会力量融入高校建设当中，并且对产教融合中的产业各方面的权利进行明确规定，并尽可能地制定一套具体详实的、可供操作的法律保障体系使产教融合能够进入更深的层面，从而使更多的产业融入人才培养当中，为产教融合提供便利条件。政府可以通过为高校院校搭建产教融合平台，如组织各种合作论坛、交流会、人才洽谈会等形式，有效促进产教融合；政府需要对地方高校产教融合提供多个方面的支持。

1. 地方政府要加大对产业协同参与基层教学组织的投入力度

产教融合不是高校和产业的简单合作，合作双方都可以对地方经济发展产生积极作用。因此，实施产教融合模式和协同育人机制时，地方政府的支持是必不可少的，需要增加地方政府对经费和政策的投入，比如，地方政府应充分了解高校在培养专业人才方面所需要的资源支持，了解企业的发展需要，将产教融合作为地方产业发展的一部分，对其进行统筹规划；同时增加高校人才培养经费投入，为学生创新创业活动提供部分经费支持，激励大学生创业；从减免税收和贷款免息政策入手，增加学生创业机会。

(1) 加大对产业协同参与基层教学组织的政策投入。

政府不仅是最关键的制度制定者，也是最主要的供应者，其核心职责便是提供必要的政策支持。在应用型本科院校的人才产教融合培养制度中，政府和其教育行政部门扮演着顶层的策划者和提供者角色，他们决定了该培养制度的未来走向和具体实施策略。政府在强化顶层策略和整体规划时，必须

意识到产教融合制度是一个涉及众多主体的复杂制度逻辑体系。

在这个制度体系中，不同的制度之间存在相互作用和影响，这最终会影响产教融合人才培养活动中各主体的行为模式。政府不仅需要考虑为产业和应用型本科院校提供内部配套的人才培养制度指导，作为制度决策者，还需要思考如何平衡两者在制度运行中的成本，以解决制度运行中的难题。政府有责任根据应用型本科院校和产业在人才培养过程中可能遇到的问题，制订更加详细和具体的政策文本和条例，建立一个从上到下的系统化制度体系，确保高校和产业在人才培养过程中有明确的指导原则。

一是政策激励。政府可以制订相关政策，对产业协同参与基层教学组织给予激励。例如，可以给予税收优惠政策、项目资助等奖励措施，鼓励企业与学校合作开展教学活动和项目。政策激励可以吸引更多的产业参与基层教学组织，提升产业与教育的融合程度。

二是创新机制。政府可以创新机制，为产业协同参与基层教学组织提供更灵活和便捷的合作方式。例如，可以建立产学研合作基地，为企业提供与学校合作的平台和机会；可以推动企业与学校签订合作协议，明确双方的权责和合作方式。创新机制可以促进产业协同参与的深入实施，增强基层教学组织与产业的互动和合作。

三是人才培养计划。政府可以推动人才培养计划，鼓励企业参与基层教学组织的师资培训和教师培养。通过与企业合作，基层教学组织可以获取更实际、更专业的教师培训资源，提高教师的专业素养和实践能力。人才培养计划可以促进产业协同参与基层教学组织的深入发展，提升教学水平和教学质量。

总的来说，加大对产业协同参与基层教学组织的政策投入需要政府发挥积极的引导和推动作用。通过资金支持、政策激励、创新机制和人才培养计划等方式，可以提高产业协同参与的积极性和效果，促进基层教学组织的发展和教育质量的提升。

（2）加大对产业协同参与基层教学组织经费的投入。

为了满足产业和企业的实际生产需求，与生产实践紧密结合是培养应用型人才的核心策略，也是保障我国人力资源高质量发展的关键。应用型本科院校不仅要重视学生的理论知识，也要注重学生的实践能力，并要求更多的资金投入。为此，必须进一步提高产业参与应用型本科院校基层教学组织的地位，加大对产业的资金投入，完善设施建设。同时在落实产业参与基层教学组织时，需要加大产业投入力度，设立产教融合产业专项资金进行扶持，以促进产教融合人才培养体系各参与主体的积极性和可持续性。

一是政府资助。政府可以增加对产业协同参与基层教学组织的资金支持。这些资金可以用于改善基层教学组织的设施和设备，提高教学资源的质量和数量，支持产业与学校合作的项目和活动等。政府资助可以帮助基层教学组织解决资金短缺问题，提供持续的经费支持。

二是资金配套。政府可以建立专项资金，用于支持产业协同参与基层教学组织。这些资金可以用于扶持产业参与基层教学组织的企业，如给予项目补贴、设立奖励基金等。资金配套可以激励更多的产业参与基层教学组织，促进产业与教育的融合发展。

三是合作基金。政府可以设立合作基金，用于支持产业与学校合作的教学项目和活动。企业和学校可以申请基金支持，用于开展合作教学项目、共建实训基地、提供师资培训等。合作基金可以提供稳定的经费支持，促进产业与学校的深度合作。

2. 地方政府要加大对产业协同参与基层教学组织的统筹

为了推动生产和教育两个领域从"界限合作"转向"跨领域整合"，除了产教之间基于关联、互动和供需关系的内在吸引力外，还需要得到外部行政部门的全面协调和推动。现阶段，学校是职业教育和高等教育的主要提供者，但仅依赖单一学校的力量，在宏观和更深层次上推动产教融合的模式仍然是不足够的。即便是学校的管理部门（大多数学校都是教育部门的负责人）也很难很好地协调与其他行业部门的关系。为了实现这一目标，我们需要利用不同行政级别的政府资源来推动产教融合的行政整合工作，并从区域、产业、城市建设和主要生产力布局等多个角度来规划产教融合的发展策略。

（1）地方政府要制订产教融合专门法律，明确主体权力与地位。

政府应制订有关产教融合的专门做法，以明确应用型本科院校、行业在应用型人才培养中的主体地位，并厘清其各自权利义务。应用型本科院校与企业行业在产教融合培养内容的拓展、产教融合培养方式的丰富以及产教融合培养条件的完善方面，存在着各自不同的权利和义务。

应用型本科院校拥有独立办学的权利，它们的职责涵盖了制订和执行人才培养计划，确保学生能够顺利完成实习和实训等教学任务，并与产业合作派遣实习教师，同时为参与人才培养计划、专业和课程设置，以及指导学生实习的企业员工提供合理的薪酬；它们的权益涵盖了选择合作的产业、内容和方式，以及为这些产业推荐实用人才等方面。而企业拥有独立的经营权限，并承担多项义务，包括提供实习和实训机会，指派专业指导人员，参与学校的人才培养计划、专业和课程设置，以及为参与企业员工培训和产品研发等活动的教师和学生提供合理的劳动报酬；其所拥有的权益主要涵盖了教育培训、实践教学的管理，以及对过程和成果的评估这三大领域。政府有必要将权力下放，充分利用市场逻辑和规律在产教融合过程中的作用，确保应用型本科院校和产业在遵循市场逻辑的基础上实现有效的融合，从而提升人才培养的质量，并实现产教融合对应用型本科院校人才培养的价值。

地方政府制订产教融合专门法律可以明确主体的权力与地位，促进产教融合的有效实施。下面是一些可能包括在这样的法律中的内容。

法律目的和原则：明确产教融合的重要性和目标，强调促进产业与教育的深度合作，提高教育质量和培养高素质人才；明确产教融合的基本原则，包括市场导向、互利共赢、公平竞争等。

主体权责：明确地方政府、企业和学校等主体的权责。地方政府可以在法律中明确其在产教融合中的职责和权限，包括政策支持、资金投入、监管等；同时明确企业和学校在产教融合中的责任和义务，包括合作机制建设、教学资源共享、人才培养等。

政策支持和激励措施：法律可以规定地方政府为产教融合提供政策支持和激励措施。例如，可以规定政府提供资金支持、税收优惠、项目评审等支持措施，鼓励企业和学校参与产教融合；同时可以规定政府对产教融合示范项目和优秀合作案例给予表彰和奖励。

产教融合机制和平台建设：法律可以要求地方政府建立产教融合的机制和平台。例如，可以规定建立产学研合作基地、产教融合服务中心等，为企业和学校提供合作交流和资源共享的平台；同时可以要求地方政府加强与产业协会、学术机构等的合作，推动产教融合的深度发展。

监管和评估机制：法律可以规定地方政府对产教融合进行监管和评估。例如，可以设立产教融合监督机构，加强对合作项目的监督和管理；同时可以要求地方政府定期对产教融合的效果进行评估和反馈，促进政策的持续改进。

通过制订产教融合专门法律，可以明确主体的权力与地位，强化政府的引导和推动作用，促进产教融合的深入发展。这样的法律可以提供明确的法律依据，规范产教融合的行为和关系，推动产教融合的可持续发展。

（2）地方政府要搭建高校与产业合作的平台。

要建立以政府为主导的产教融合专门部门，负责应用型本科院校和产业的合作，促进产教融合工作，对产业参与应用型本科院校基层教学组织的发起、商议、决策和落实执行进行统筹规划与管理，保障产业参与基层教学组织制度的顺利实施。产教融合的相关部门应当与各级政府紧密合作，最大化地利用地方的资源，对教育资源进行合理的分配，从而为产业参与应用型本科院校的基层教学活动提供更为全面的政策和经济援助。专门负责产教融合的部门有责任实时了解应用型本科院校在产教融合培养条件、教师队伍构成、人才质量以及地方需求等方面的最新动态，并需要及时向应用型本科院校和相关产业反馈地方产业集群的发展状况以及高等教育机构在人才培养方面的基础信息。政府还应当把构建流畅沟通的应用型本科院校和产业信息平台作为优先事项，以便为提升产业与高等教育机构之间的沟通效能提供充足和必需的支持环境。

建立产学研合作基地：政府可以投资兴建产学研合作基地，为高校和产业提供合作交流的平台。基地可以提供教学实验室、科技展示中心、创新创业孵化器等设施，为高校和产业提供共同的研究和创新空间。

召开产业对接会议：政府可以组织产业对接会议，为高校和产业提供对接交流的机会。会议可以邀请产业领军企业、高校专家和学生等参加，促进产学研合作的深入发展。

推行产教融合示范项目：政府可以推行产教融合示范项目，为高校和产业提供合作的示范和引领作用。示范项目可以由政府出资，资助高校和产业合作开展，鼓励其他高校和产业参与产学研合作。

开展人才培养项目：政府可以开展人才培养项目，为高校和产业提供人才培养的平台。人才培养项目可以由政府出资，资助高校和产业合作开展，鼓励高校和产业合作培养高素质人才。

通过搭建高校与产业合作的平台，地方政府可以促进产学研合作的深度发展，提高教育质量和促进经济发展。政府可以通过投资兴建产学研合作基地、设立产学研融合服务中心、召开产业对接会议、推行产教融合示范项目和开展人才培养项目等一系列措施，为高校和产业提供合作的平台和机会。

（三）转变产业观念，建立产教融合共同体

产教融合参与基层教学组织建设，主要包括企业、基础教育学校和教育行政部门等行业。对行业的建议主要是提高参与度和促进共同成长。

1. 提高行业对基层教学组织的参与度

产教融合是行业人力资本积累和员工继续教育的重要组成部分，要加强行业与应用型本科院校之间的合作意识。与此同时，行业在基层教学组织中的供应内容和方式是决定合作深度的关键因素。行业需要持续创新供应内容，拓展供应方式，并通过多种途径参与合作，以推动合作关系的持续深化。行业应转变站位，从战略角度考虑合作的收益，从而坚定积极地参加合作；同时，培育行业社会责任感，倡导行业支持教育的奉献情怀，提高行业在产教融合中的主动性和积极性；强化政校联动，推动政策落地落实。建议相关部门专家加大政策宣传、解读，走进行业，进一步细化或者明确针对参与应用型本科院校基层教学组织的相关政策，帮助企业落实相关政策，发挥相关行业的带头表率作用。

2. 提高行业对社会责任意识的重视度

各个行业都应该明确自己的社会职责，并将提高学生的专业能力和培育新一代人才视为首要任务。在学生的实习阶段，我们需要为他们提供合理的职业生涯规划指导，帮助他们确立正确的职业观念，明确自己的就业前景和个人成长方向。同时，我们还需要加强学生的人文修养，提高他们的专业技能，并增强他们对工作的归属感。我们聘请了经验丰富且有耐心的技术专家，为学生提供全面的培训，以增强他们的职业技能。为了让学生更深入地理解工作内容，企业应当实施合理的轮岗制度，这样学生才能更全面地接触到工作的各个方面；安排相关的后勤人员对实习期间的生活和日常生活进行适当的安排，并对他们进行心理疏导，以帮助学生更好地适应工作环境；应结合行业发展的需要，积极地参与应用型本科院校的基层教育组织，包括专业建设、课程设计以及教师的专业成长等方面，旨在使应用型本科院校的人才培训更为专业和科学，提升应用型本科教育机构在人才培养方面的针对性和实用性。基于岗位的标准，我们为应用型本科院校的教师提出了关于实践能力发展的具体要求，并为应用型本科院校的基层教学团队提供了实用的建议，最后，与应用型本科院校共建实践教学资源，如校外实训基地的建设。

（四）应用型本科院校去"行政化"的基层教学组织运行模式改革

应用型本科院校去"行政化"指的是高等院校在具体的办学工作当中，要依照相关规律，从行政化管理模式当中走出来，把力度放在教学学术在高校决策管理当中发挥的价值方面,从而使教师和产业能够真正地融入其中。相关人事制度方面的改革意见当中给出了要逐渐消除事业单位行政级别的想法。

1. 在基层教学组织模式选择上注重综合决策

基层教学组织模式实际上是一种管理及控制模式,可被纳入决策分析框架中。但应用型本科院校基层教学组织决策模式,因高校组织的自身特点而呈现某些特征。应用型本科院校基层教学组织模式主要表现为理性模式、政治模式和官僚模式,各有优势和缺陷。综合决策模式指两种或两种以上已有模式的有机结合,有利于改善决策现状,提高决策质量。所以,支持应用型本科院校基层教学组织根据建设目标、资源优势、专业特点等开展基层教学组织运行模式的多元探索,推动制度规范下的能动性改革。

2. 在基层教学组织模式运行上注重协同治理

做好组织模式下不同部门、不同主体、不同类型权力之间的协调,提升组织运行效能。应用型本科院校基层教学组织应当紧紧围绕产教融合内涵开展教师成长、课程开发、社会服务功能。建议应用型本科院校的教学管理部门和二级学院以应用型人才培养为依据,对产教融合基层教学组织三种模式实现的教师成长、课程开发和社会服务功能作出更为具体的指导方案,推动三种模式运行的制度化、程序化和具体化,指导应用型本科院校产教融合基层教学组织建立,健全三种模式运行的工作流程;结合产教融合基层教学组织科学有效运行,优化配置应用型本科院校基层教学组织权力结构,更加完善应用型本科院校内部治理体系;依据学校的制度规范应用型本科院校产教融合基层教学组织的多元主体,明确应用型本科院校教学管理部门和二级学院对基层教学组织的职责。为推动应用型本科院校产教融合基层教学组织更加积极有效地参与合作,教育行政部门、地方政府和地方行业应当推动教育政策、产教融合政策相衔接。

3. 在组织模式持续优化上更加注重遵循规律

基于基层教学组织变革和发展规律,通过组织模式变革牵引应用型本科院校人才培养模式创新,为基层教学组织的发展提供良好的物理空间、精神空间、虚拟空间;加强产教融合基层教学组织建设,针对关键领域持续推进产教融合基层教学组织建设;聚焦地方行业需求,继续推进产教融合基层教学组织建设;探索建立以长周期为主的产教融合基层教学组织制度,稳定一批行业人员围绕关键问题开展长期稳定研究；试行基层教学组织项目制建设，明确赋予人员决策权、经费支配权、资源调动权，发挥负责人的积极性；鼓励构建跨学科、跨院系、跨学校、跨地域合作的产教融合组织体系；完善以经费支持为引导、以常态化运作为基础、多方力量深度参与的产教融合运行机制。

4. 在组织运行模式质量监测评价上注重长期跟踪

构建符合基层教学组织特点的长周期质量监测机制，推动应用型本科院校深化理论与实践研究，持续改进组织模式，提升基层教学组织建设质量。一是规范完善产教融合基层教学组织制度管理体系，建立自上而下完善的制度体系，以产教融合可持续运行为逻辑主线，系统设计产教融合基层教学组织制度体系。二是我们需要进一步完善产教融合的法律和政策，明确学校和地方各方的权益、职责以及它们之间的相互关系，确保双方的合法权益得到维护，特别是对于参与产教融合的单位，需要制订明确的规定，并为其提供相应的政策和法律支持。三是深化应用型本科院校制度改革。因此，组织变革和制度体系的创新是增强应用型本科院校基层教学组织开展产教融合的关键。

三、产教融合基层教学组织运行模式的保障体系优化

应用型本科院校基层教学组织的有效运行是应用型本科院校培养教师实践能力的重要载体，是提升应用型人才培养质量的系统工程。在宏观层面，政府应根据我国国情，加强政策与制度供给，进一步强调产教融合参与基层教学组织对培养符合地方经济社会发展的人才的重要性，鼓励校企（校）合作，深化产教融合，推动我国应用型本科院校产教融合参与基层教学组织的有效运行。

（一）建立多主体协同参与的制度保障体系

1. 建立并完善基层教学组织运行的制度

当前，国家已明确应用型本科院校的"类型"地位，应用型本科院校应建立符合本类型特点的教师队伍建设和人才培养模式，即在国家制度层面形成基层教学组织运行制度。将产教融合参与基层教学组织活动纳入应用型本科院校建设的考核范畴，这既是一种导向，促使应用型本科院校除了相应的

文化学习和技能训练以外，对产教融合参与基层教学组织活动也更加重视，同时也为培养适应地方经济社会发展的应用型人才打下基础。把产教融合参与基层教学组织活动的效果设为教师成长的一项指标，将会提升应用型本科院校双师型教师队伍培养的实效性，继而促进应用型人才培养质量提高。

2. 将产教协同参与的基层教学组织运行纳入应用型本科院校建设的评价指标

随着应用型本科院校基层教学组织产教协同的深入和模式的发展，应用型本科院校教师对产业所需要的岗位需求有了清晰的认识，所以还需要在制度层面明确将产教融合基层教学组织纳入专业人才培养的评价指标。

（二）创新四维三阶的增值性评价体系

1. 建立科学合理产教融合基层教学组织标准

（1）产业需求。

标准应该紧密结合产业的需求，明确规定基层教学组织与产业界的合作内容和方式。标准需要明确产业界对人才的技能需求、职业素养要求以及产学合作的具体形式，以确保应用型本科院校培养的人才能够满足产业界的需求。

（2）教育质量。

标准应该关注教育质量的提升，明确对教师和学生的要求。标准需要明确教师在产教融合中的角色和职责，要求教师具备相关的实践经验和行业知识，能够将产业界的需求融入教学中。同时，标准应该要求学生具备一定的实践能力和创新能力，能够适应产业界的工作要求。

（3）评估机制。

标准应该建立科学合理的评估机制，对产教融合基层教学组织进行监督和评估。评估指标可以包括产学合作项目的数量和质量、学生的就业率和职业发展情况等。通过评估机制，可以及时发现问题和不足，为进一步改进和完善产教融合基层教学组织提供依据。

（4）持续改进。

标准应该鼓励持续改进，推动产教融合基层教学组织不断提高。组织需要建立反馈机制，收集教育机构、产业界和学生的意见和建议，及时调整和改进标准。同时，应该鼓励教育机构和产业界开展经验交流，分享成功案例和最佳实践，促进产教融合的发展。

2. 制定基层教学组织与行业师资双向流动政策

（1）建立双向流动机制。

政府可以与应用型本科院校和产业界合作，建立双向流动的机制，鼓励教师到产业界实习或工作一段时间，以了解最新的行业动态和需求。同时，也鼓励产业界有丰富经验的专业人士到应用型本科院校担任教师，分享实践经验和行业知识。

（2）提供支持和激励措施。

政府可以提供资金支持和奖励措施，鼓励教师参与产业实践和培训。例如，设立专项经费用于教育实践活动，提供奖励给在产业界表现优秀的教师。

（3）设立双向交流平台。

政府可以建立基层教学组织与行业师资之间的交流平台，促进信息共享和合作。这可以包括举办行业研讨会、教师交流活动等，为教师提供与行业专家进行互动和交流的机会。

（4）加强产教融合。

政府可以加强产教协同合作，建立更紧密的合作关系。例如，与产业界签订合作协议，明确合作内容和方式，为教师提供更多的实践机会和资源支持。

（三）构建全覆盖、全过程和全方位的质量保障体系

1. 建立完善的质量管理机制

建立全覆盖的质量管理机制，采用科学的质量管理手段，制订全面的质量管理规章制度，明确责任和权利，并建立相应的激励和惩罚机制。

2. 确保全过程的质量管理

全过程的质量管理要从项目的计划、实施、评价等各个方面入手，确保每一个环节都得到严格的质量控制和管理。

3. 实现全方位的质量保障

全方位的质量保障要从多个维度入手，包括人员、设备、环境等方面，确保在各个方面都符合质量标准。

加强质量监测和评估：加强对质量的监测和评估，建立科学、客观、公正的质量评估体系，及时发现和纠正问题，确保质量的稳定和提高。推进质量文化建设：推进质量文化建设，弘扬诚信、质量、创新、责任等理念，培

养全员参与、全员质量意识的企业文化。

通过建立完善的质量管理机制、确保全过程的质量管理、实现全方位的质量保障、加强质量监测和评估以及推进质量文化建设等措施，可以构建全覆盖、全过程和全方位的质量保障体系。这样能够提高产品和服务的质量，促进企业的可持续发展，推动产业发展和高校教育的协同发展。

四、本章小结

本章在文献研究、理论分析和实践归纳的基础上，基于应用型本科院校供给侧结构性改革的立场，分别探讨了运行模式中，核心目标错位、动力不足和保障欠缺现象的具体对策，旨在解决基于产教融合的应用型本科院校基层教学组织运行模式中的失衡问题。研究发现，质量、动力和保障的优化是提升应用型本科院校办学水平，实现基于产教融合的应用型本科院校基层教学组织有效运行模式的路径。具体的优化策略为：加强基层教学组织的主体要素与其职能的优化；构建基于实践共同体的基层教学组织建设体系；实现教师实践能力的培养和应用型人才培养质量的提高；构建三维四阶的基层教学组织运行评价指标，并形成目标质量优化的内部约束。

同时，为优化基于产教融合的应用型本科院校基层教学组织运行模式，应当引导教育行政部门、地方政府、相关产业和应用型本科院校深度合作，促使不同的利益相关者在运行模式中均获益，激发运行的最大效益。值得注意的是，在基于产教融合的应用型本科院校三类基层教学组织中，课程教学类、教学改革类和专业建设类的运行模式，都应充分注重行业组织的支持协调与沟通作用，在螺旋体中生成新的利益平衡。

第八章　研究结论

本章重点对研究过程进行概括，提炼出研究结论，根据研究结论及相关研究发现，以应用型本科院校基层教学组织建设为落脚点，结合研究过程和研究结论展开针对后续研究的相关思考，对未来研究方向和展望加以探讨。

本研究通过对 T 学院 5 名教学管理人员、7 名基层教学组织负责人、9 名专任教师和 6 名行业人员进行半结构性访谈收集主要研究资料，并运用调查问卷面向案例院校的专任教师收集关于基层教学组织建设过程中的基本数据和资料。通过对资料数据的分析，结合对政策文本及其他研究文献的解读，得出以下 4 点结论。

一、共同目标、沟通方式、参与动力和保障条件是产教融合基层教学组织运行模式的构成要素

产教融合基层教学组织运行模式主要由四个关键要素构成。共同目标包括建立共同的愿景、相互介入和建立共享资源。保障条件能使沟通顺畅、参与度高，从而实现产教融合基层教学组织的共同目标。

二、产教融合基层教学组织运行的现实困境是沟通方式单一、参与动力不足和保障条件不全

产教融合基层教学组织运行困境主要体现为：产教融合基层教学组织制度缺失导致共同目标与沟通方式不协同；产教融合基层教学组织激励政策缺位导致内外部参与动力不足；产教融合基层教学组织保障体系缺失导致顶层设计与保障机制不全。

三、专业建设类、教学改革类和课程教学类基层教学组织运行模式，参与主体不同、共同目标各异，导致运行效果差异

产教融合基层教学组织涵盖三种类型，从宏观、中观和微观层面分析产教融合基层教学组织运行模式。研究发现宏观层面的专业建设类基层教学组

织参与主体为校—政—校三方协同，因有共同目标，有制度保障，运行效果较好；微观层面的课程类基层教学组织参与主体为校—企双方，因缺少共同目标，运行效果欠佳；中观层面的教学改革类基层教学组织参与主体为校—校双方，运行效果适中。

四、产教融合基层教学组织运行受制度环境、组织因素和个体因素的影响

产教融合基层教学组织运行受到制度环境、组织政策因素和个体因素影响。在组织政策方面，激励政策影响高校和企业参与产教融合基层教学组织的积极性和参与深度；在个体因素方面，产教融合基层教学组织运行受到个人参与意愿、个人参与方式和个人适应能力等的影响；在外部制度环境方面，由政府部门制订的规范性基层教学组织制度仍然缺乏。在法律法规上，基本上没有具体涉及高等院校基层教学组织的规定，应用型高校基层教学组织的运行模式则更加匮乏。由于缺乏外部行政力量的约束，大学管理内部相对应地缺乏对基层教学组织运行的约束。外部管理制度和内部管理制度的缺失，进一步影响了个人参与基层教学组织的积极性，进而对教师教学工作和基层教学组织运行产生了消极的影响。

五、产教融合基层教学组织运行模式应当从共同目标、参与动力和制度保障三个方面进行优化

首先，从产教融合基层教学组织运行模式优化共同目标来看，应运用实践共同体理论来实现共同的愿景、创建多主体协同的沟通方式和建立共享资源的目标。其次，从产教融合基层教学组织运行模式优化动力机制来看，应运用协同理论，实现教育行政部门搭建多元主体间求同存异的交往合作方式；地方政府职能转变，提升服务能力；产业转变观念，建立产教融合共同体；应用型本科院校去"行政化"的基层教学组织运行模式改革。最后，从产教融合基层教学组织运行模式优化保障体系来看，运用新制度理论，建立多主体协同参与的制度保障体系；创新四维三阶的增值性评价体系；构建全覆盖、全过程和全方位的质量保障体系。

参考文献

[1] Lave J,Wenger E. 情境学习：合法的边缘性参与 [M]. 王文静，译. 上海：华东师范大学出版社，1991：45.

[2] W. Richard Scott. 制度与组织：思想观念、利益偏好与身份认同（原书第4版）[M]. 姚伟，等译. 北京：中国人民大学出版社，2020：56.

[3] 伯恩鲍姆. 大学运行模式：大学组织与领导的控制系统 [M]. 别敦荣，余学峰，张际标，译. 青岛：中国海洋大学出版社，2003：15.

[4] 鲍威尔，迪马吉奥. 组织分析的新制度主义 [M]. 姚伟，译. 上海：上海人民出版社，2008.

[5] 彼得·圣吉. 第五项修炼：学习型组织的艺术和实践 [M]. 张成林，译. 北京：中信出版社，2018：8-14.

[6] 波兰尼. 大转型：我们时代的政治与经济起源 [M]. 刘阳，冯刚，译. 杭州：浙江人民出版社，2007：50.

[7] 伯顿·克拉克. 高等教育系统：学术组织的跨国研究 [M]. 王承绪，等译. 杭州：杭州大学出版社，1994：262-263.

[8] 伯顿·R. 克拉克. 高等教育系统——学术组织的跨国研究 [M]. 王承绪，等译. 杭州：杭州大学出版社，2000：121.

[9] 伯顿·克拉克. 建立创业型大学：组织上转型的途径 [M]. 王承绪，译. 北京：人民教育出版社，2003：1-5，6-8，169-171.

[10] 陈向明，等. 搭建实践与理论之桥——教师实践性知识研究 [M]. 北京：教育科学出版社，2011.

[11] 陈向明. 教师如何做质的研究 [M]. 北京：教育科学出版社，2001：138-139.

[12] 陈向明. 质的研究方法与社会科学研究 [M]. 北京：教育科学出版社，2000：165，227，332-334.

[13] 陈向明. 教育研究方法 [M]. 北京：教育科学出版社，2013：232-233.

[14] 德里克·博克. 大学的未来：美国高等教育启示录 [M]. 曲强，译. 北

京：中国人民大学出版社，2017：191-194，238-243.

［15］杜静. 走向合作：PLC 视域下教师专业发展的反思与重构［M］. 北京：科学出版社，2019：74.

［16］高林，等. 应用性本科教育导论［M］. 1 版. 北京：科学出版社，2006：235-240.

［17］郭斌. 知识经济下产学合作的模式、机制与绩效评价［M］. 北京：科学出版社，2007.

［18］何盛明. 财经大辞典［M］. 北京：中国财政经济出版社，1990：136.

［19］亨利·埃茨科维兹. 三螺旋创新模式：亨利·埃茨科维兹文选［M］. 陈劲，译. 北京：清华大学出版社，2016：190.

［20］黄达人. 大学的转型［M］. 北京：商务印书馆，2015：17-18.

［21］霍仲厚. 教研室建设与管理［M］. 北京：人民军医出版社，2002.

［22］卡斯特，罗森茨韦克. 组织与管理：系统方法与权变方法［M］. 傅严，等译. 北京：中国社会科学出版社，2000：19-20.

［23］克拉克 B R. 高等教育系统——学术组织的跨国研究［M］. 王承绪，译. 浙江：杭州大学出版社，1994：124.

［24］柯政. 理解困境：课程改革实施行为的新制度主义分析［M］. 北京：教育科学出版社，2011：85，74.

［25］李传军. 公共组织学［M］. 2 版. 北京：中国人民大学出版社，2011：46.

［26］李海东. 教研室建设与管理及考核评估实务全书（上卷）［M］. 北京：中科多媒体电子出版社，2003.

［27］理查德·斯科特. 制度与组织——思想观念与物质利益（原书第 3 版）［M］. 姚伟，王黎芳，译. 北京：中国人民大学出版社，2010：60.

［28］联合国教科文组织国际 21 世纪教育委员会. 教育——财富蕴藏其中［M］. 北京：教育科学出版社，1996：76.

［29］鲁洁，冯建军. 教育转型理论、机制与建构［M］. 北京：教育科学出版社，2013：9.

［30］罗伯特·G. 欧文斯. 教育组织行为学——适应型领导与学校改革（原书第 8 版）［M］. 窦卫霖，温建平，译. 北京：中国人民大学出版社，2007：99.

［31］马克斯威尔. 质的研究设计：一种互动的取向［M］. 朱光明，译. 重

庆：重庆大学出版社，2007：13-16.

[32] 毛泽东. 毛泽东选集：第5卷 [M]. 北京：人民出版社，1977：444，489.

[33] 潘懋元. 应用型人才培养的理论与实践 [M]. 厦门：厦门大学出版社，2011：1-3.

[34] 齐再前. 基于博弈论高等职业教育校企合作长效机制研究 [M]. 北京：科学出版社，2016：148-149.

[35] 斯蒂芬，罗宾斯，玛丽·库尔特. 管理学 [M]. 孙健敏，等译. 北京：中国人民大学出版社，2004.

[36] 斯格特. 组织理论 [M]. 黄洋，等译. 北京：华夏出版社，2002.

[37] 斯科特. 组织理论：理论、自然与开放系统的视角 [M]. 高俊山，译. 北京：中国人民大学出版社，2011：3，21-29，42，298.

[38] 王书素. 政产学合作模式研究：基于"三螺旋"理论视角 [M]. 广州：广东教育出版社，2017：6，10-11.

[39] 伍红林. 大学与中小学合作教育研究中的理论者与实践者 [M]. 北京：中国社会科学出版社，2013.

[40] 杨钋. 技能形成与区域创新——职业教育校企合作的功能分析 [M]. 北京：社会科学文献出版社，2020：144-145.

[41] 俞文钊. 管理的革命：创建学习型组织的理论与实践 [M]. 上海：上海教育出版社，2003：6.

[42] 袁凌，雷辉，刘朝. 组织行为学 [M]. 2版. 北京：中国人民大学出版社，2015：265-266.

[43] 约翰·范德格拉夫. 学术权力 [M]. 王承绪，等译. 浙江：浙江教育出版社，2001：35-37.

[44] 岳建军. 教师教育共同体构建研究：基于地方综合性大学的考察 [M]. 北京：中国社会科学出版社，2021：11. 117.

[45] 钟秉林. 大学的走向 [M]. 北京：商务印书馆，2015：269-270.

[46] 白夜昕，胡晓萍. 高校教研室制度化建设的主要问题与对策研究 [J]. 继续教育研究，2008（3）：167-168.

[47] 毕文健. 应用型本科院校教育组织形态创新研究——基于产教融合的战略思路 [J]. 江苏高教，2020（7）：71-78，124.

[48] 步社民. 高校基层教学组织的重构 [J]. 教育发展研究，2010，30（17）：69-73.

[49] 车长金，刘巍. 供给侧改革背景下校企深度合作育人的内生动力研究[J]. 中国成人教育，2017（19）：81-83.

[50] 陈小虎. "应用型本科教育"：内涵解析及其人才培养体系建构[J]. 江苏高教，2008（1）：86-88.

[51] 陈晓琳，江珩. 新时期高校基层教学组织创新实践[J]. 中国大学教学，2013（8）：78-80.

[52] 陈静，谢长法. 数字化转型下虚拟教研室建设的逻辑框架与推进路径[J]. 电化教育研究，2023，44（6）：54-59，73.

[53] 程海波. 关于全面深化高等教育综合改革的思考[J]. 高校教育管理，2016（11）：4.

[54] 崔延强，朱晓雯. 我国大学基层教学组织的学术制度构建研究[J]. 西南大学学报（社会科学版），2018，44（5）：77-83.

[55] 董良峰. 依托行业协会"政校行企"四方联动的地方高校人才供给战略研究[J]. 黑龙江高教研究，2018（8）：84-86.

[56] 杜彬恒，陈遇春. 高水平研究型大学基层教学组织制度创新——基于西北农林科技大学"教学约定制度"实践[J]. 高等农业教育，2012（3）：53-55.

[57] 樊霞，吴进，任畅翔. 基于共词分析的我国产学研研究的发展态势[J]. 科研管理，2013，34（9）：11-18.

[58] 方德英，等. 校企合作创新：博弈·演化与对策[M]. 北京：中国经济出版社，2007：79-80.

[59] 冯巧，赵亚奇，李刚，等. 产教融合培养应用型人才的研究与实践——以河南城建学院尼龙产业技术学院为例[J]. 高分子通报，2022（9）：133-138.

[60] 高林，鲍洁. 再论应用性本科教育[J]. 北京联合大学学报，2015（4）：1-6.

[61] 高迎爽. 法国大学技术学院办学实践及其启示[J]. 中国高教研究，2018（10）：49-51.

[62] 郭冬娥. 组织变革视阈下新建本科院校基层教学组织重构[J]. 江苏高教，2016（1）：68-71.

[63] 郭建如. 地方本科高校转型发展中的核心问题探析[J]. 黄河科技大学学报，2017（1）：1-11.

[64] 韩新才. 高校教研室工作存在问题的分析探讨 [J]. 教育教学论坛, 2016（12）: 21-22.

[65] 郝莉, 代宁, 朱志武, 等. 应用学习型组织理论构建高校课程质量提升机制 [J]. 中国高教研究, 2019（8）: 87-93.

[66] 洪志忠. 高校基层教学组织的变革与发展 [J]. 教育发展研究, 2020, 40（19）: 62-68.

[67] 侯振山. 谈谈教研室管理的八个制度: 从制度到文化 [J]. 江苏高教, 2001（1）: 126.

[68] 洪志忠. 高校基层教研室的演化与重建 [J]. 大学教育科学, 2016（3）: 86-92.

[69] 胡成功. 高等学校基层学术组织现状与问题——全国231所高等学校问卷调查报告 [J]. 大学教育科学, 2003（11）: 38-46.

[70] 胡万山. 产教融合视域下应用型大学课程实施: 理论构想、现实问题与改革路径 [J]. 黑龙江高教研究, 2022, 40（11）: 137-142.

[71] 胡万山. 产教融合视域下国外应用型大学课程建设的经验与启示——以德、英、美、澳为例 [J]. 成人教育, 2023, 43（5）: 81-87.

[72] 华小洋, 蒋胜永, 朱志勇. 试论应用型人才培养体系的建构 [J]. 高等工程教育研究, 2017（6）: 100-104.

[73] 黄辉. 高校教研室建设与教学团队建设关系辨析 [J]. 高教论坛, 2010（2）: 97-99.

[74] 江珩, 彭妍, 肖湘平. "双一流"背景下的高校基层教学组织建设研究 [J]. 中国大学教学, 2017（4）: 79-82.

[75] 蒋凯, 朱彦臻. 高校办学自主权的逻辑——阿什比的大学自治理论及其当代意义 [J]. 中国高等教育评论, 2018, 10（2）: 156-171.

[76] 孔德兰, 周建松. 重视和加强高职院校基层教学组织建设 [J]. 教育与职业, 2017（22）: 108-111.

[77] 李昂, 李广平, 朱俊义, 等. 地方师范院校转型发展的困境与路径选择——以通化师范学院为例 [J]. 中国高校科技, 2021（7）: 73-76.

[78] 李慧, 刘芸, 等. 教研室职能与运行管理机制的研究 [J]. 高教研究, 2010（9）: 93-95.

[79] 李俊. 专业学习共同体视角下我国高校教研室建设策略 [J]. 信阳师范学院学报, 2017（5）: 57-61.

[80] 李琳，姚宇华，陈想平. 高校基层教学组织建设的困境与突破［J］. 中国高校科技，2018（9）：37-40.

[81] 李燕. 基于产教融合的应用型本科深度模块化教学改革思考［J］. 教育与职业，2020（12）：92-97.

[82] 李银丹，李钧敏，施建祥. 产教融合视角下应用型本科高校一流课程建设策略研究［J］. 中国大学教学，2020（5）：46-51.

[83] 蔺全丽，黄明东. 新时代高校基层教学组织治理主体的权责边界［J］. 学校党建与思想教育，2021（18）：70-72.

[84] 凌镜. 高职院校基层教学组织负责人岗位吸引力研究——以浙江省为例［J］. 中国职业技术教育，2021（11）：72-78.

[85] 刘纯青，罗譞，易桂秀. 产教融合背景下应用型人才培养教学模式研究与实践——以风景园林专业学位研究生培养为例［J］. 职教论坛，2021，37（12）：67-72.

[86] 刘璐婵，孙彩云. 基于自组织理论的"智能+"时代高校虚拟教研室运行机制研究［J］. 黑龙江高教研究，2023，41（8）：122-127.

[87] 刘小强，何齐宗. 重建教研室：教学组织变革视野下的高校教学质量建设策略［J］. 高等教育研究，2010（10）：57-61.

[88] 刘耀东. 产教融合过程中企业逻辑和学校逻辑的冲突与调适［J］. 国家教育行政学院学报，2019（10）：45-50.

[89] 龙梦晴，等. 论我国高等教育校企合作育人中政府的角色定位［J］. 高教探索，2019（9）：41-43.

[90] 陆国栋，孙健，孟琛，等. 高校最基本的教师教学共同体：基层教学组织［J］. 高等工程教育研究，2014（1）：58-65，91.

[91] 陆国栋，张存人. 基层教学组织建设的路径、策略与思考——基于浙江大学的实践与探索［J］. 高等工程教育研究，2018（3）：130-136，141.

[92] 马静萍. 浙江大学基层教学组织交流研讨会顺利举行［J］. 浙江大学学报（人文社会科学版），2022，52（4）：162.

[93] 马廷奇，毛立伟. 美国工程教育产教深度融合的经验与启示——以欧林工学院为例［J］. 现代教育管理，2023（7）：55-65.

[94] 孟凡丽，马翔，王建虎. AIGC视域下的虚拟教研室：概念特征、运行要素与建设进路［J］. 现代远距离教育，2023（4）：14-21.

[95] 孟宪波. 本科职业教育中基层教学组织效能发挥的机制解析 [J]. 中国成人教育, 2015 (6): 110-113.

[96] 潘丽云. "双高" 建设背景下的高职院校教师教学创新团队研究——基于基层教学组织重构的视角 [J]. 中国职业技术教育, 2020 (29): 53-56.

[97] 秦玮, 徐飞. 产学联盟绩效的影响因素分析: 一个基于动机和行为视角的整合模型 [J]. 科学学与科学技术管理, 2011, 32 (6): 12-18.

[98] 青平, 成协设. 基于新农科建设高质量基层教学组织 [J]. 中国大学教学, 2020 (12): 70-73.

[99] 丘林, 陈朝新. 高校教研室建设存在的问题与对策 [J]. 中国成人教育, 2008 (6): 68-69.

[100] 容华, 宿程远, 韦素玲. 对高校教研室团队建设的思考 [J]. 中国电力教育, 2009 (24): 25-27.

[101] 桑新民, 贾义敏, 焦建利, 等. 高校虚拟教研室建设的理论与实践探索 [J]. 中国高教研究, 2021 (11): 91-97.

[102] 石磊, 邬志辉. "学习型组织" 视阈下高校教师发展新路径探析 [J]. 东北师大学报 (哲学社会科学版), 2015 (4): 230-233.

[103] 宋青, 诸华军, 陆苏华, 等. 美国合作教育机制对我国地方应用型高校的启迪——基于 "中国制造 2025" 的现实背景 [J]. 黑龙江高教研究, 2018, 36 (12): 82-86.

[104] 宋伟. 论新时代高校基层教学组织改革 [J]. 中国高等教育, 2020 (19): 41-42.

[105] 孙丽娜, 贺立军. 高校基层教学组织改革与教学团队建设 [J]. 河北学刊, 2007 (5): 162-165.

[106] 孙晓娥. 深度访谈研究方法的实证论析 [J]. 西安交通大学学报 (社会科学版), 2012, 32 (3): 101-106.

[107] 汤博闻, 郝少毅, 朱志勇. 跨越 "边界": U-S 合作中的教师互动模式 [J]. 教育学术月刊, 2022 (2): 9-18.

[108] 汤易兵. 促进产学合作政策工具: 英、美与中国比较研究 [J]. 科学学研究, 2005, 23 (S1): 131-135.

[109] 汤智, 李小年. 大学基层学术组织运行机制: 国外模式及其借鉴 [J]. 教育研究, 2015, 36 (6): 136-144.

[110] 田明, 孟君. 论高校教学团队与教研室建设 [J]. 内蒙古师范大学学报（教育科学版）, 2011 (9)：106-109.

[111] 田潇, 王彩丽, 罗鄂湘. 校企合作动机研究——基于汽车企业的实证研究 [J]. 科技管理研究, 2013 (23)：84-88.

[112] 托马斯·雷明顿, 杨钋. 中、美、俄职业教育中的校企合作 [J]. 北京大学教育评论, 2019 (2)：21.

[113] 王光信. 美国大学基层教学管理组织形式浅析 [J]. 化工高等教育, 1989 (3)：64-65.

[114] 王洪, 高林, 杨冰. 应用型高校是高等教育大众化的必然结果 [J]. 教育与职业, 2006 (12)：5-7.

[115] 王洪才. 地方本科高校转型：问题、挑战与回应 [J]. 江苏高教, 2016 (3)：8-12, 17.

[116] 王焕勋. 中国人民大学教育学教研室是怎样进行工作的 [J]. 人民教育, 1951 (4)：13-14.

[117] 王京华, 李玲玲. 教师学习共同体：教师专业发展的有效路径 [J]. 河北师范大学学报（教育科学版）, 2013 (2)：39-42.

[118] 王晶. 服务育人理念在高校教学管理中的应用及现状——评《高校基层教学组织建设与管理》[J]. 热带作物学报, 2021, 42 (6)：1861.

[119] 王利敏. "实践共同体"研究综述 [J]. 上海教育科研, 2016 (12)：28-32.

[120] 王秀梅, 韩靖然, 马海杰. 新时期高校基层教学组织的改革与发展 [J]. 中国大学教学, 2020 (10)：62-68.

[121] 王秀梅, 马海杰, 张一帆. 虚拟教研室建设中的"借"与"戒" [J]. 中国大学教学, 2022 (10)：55-58.

[122] 王学文. 对大学基层教学组织的再认识 [J]. 江苏高教, 2005 (5)：60-62.

[123] 王雅秋. 试论加强高校教研室的建设与作用 [J]. 辽宁高等教育研究, 1997 (2)：80.

[124] 王丽红, 坎杂, 王维新, 等. 优秀教学基层组织——农机教研室的建设与实践 [J]. 科学创新与生产力, 2015 (3)：32-34.

[125] 王学文. 对大学教研室组织的再认识 [J]. 江苏高教, 2005 (2)：60-62.

[126] 吴能表, 邹士鑫, 罗欢. 加强基层教学组织建设 实施分层次管理 [J]. 中国大学教学, 2019 (2): 32-36.

[127] 肖荣辉. 政校企协同视域下应用型高校产教融合路径重构 [J]. 黑龙江高教研究, 2023, 41 (5): 143-148.

[128] 邢赛鹏, 陶梅生. 应用技术型本科高校师资队伍体系构建研究: 基于"产教融合和校企合作"的视角 [J]. 职教论坛, 2014 (29): 4-6.

[129] 项迎芳, 赵栋栋. 高校基层教学组织质量提升研究 [J]. 高教发展与评估, 2020, 36 (4): 11-20, 107-108.

[130] 闫淳冰. 论我国高校教研室的完善与重构策略 [J]. 内蒙古师范大学学报 (教育科学版), 2008 (9): 35-36.

[131] 严运锦. 学习共同体、实践共同体、学习型组织概念辨析 [J]. 上海教育科研, 2019 (8): 28-32.

[132] 杨梅, 周正柱. 应用型本科高校产教融合政策的推进策略研究——基于政策工具与政策要素的二维分析 [J]. 中国高校科技, 2022 (3): 79-84.

[133] 杨东占. 产学合作的国际比较、现状分析及对策研究 [J]. 高等教育研究, 1993 (1): 63-65.

[134] 杨菊仙. 高校基层教学组织创新的价值取向与途径策略 [J]. 江苏高教, 2011 (6): 79-81.

[135] 杨菊先, 周琦, 胡义伟. 高等学校基层教学组织创新策略 [J]. 教育与现代化, 2010 (3): 71-74.

[136] 余清明. 浅谈大学基层教学组织教学管理工作规范 [J]. 中国成人教育, 2007 (2): 31-32.

[137] 余青明. 现代大学基层教学组织质量管理创新 [J]. 教育理论与实践, 2007, 27 (S1): 29-30.

[138] 张大良. 把握"学校主体、地方主责"工作定位 积极引导部分地方本科高校转型发展 [J]. 中国高等教育, 2015 (10): 23-29.

[139] 张宏婧, 林周周. 基于谢里夫实验的高校基层教学组织建设研究 [J]. 当代教育科学, 2015 (13): 49-52.

[140] 张志旻, 赵世奎, 任之光. 共同体的界定、内涵及其生成——共同体研究综述 [J]. 科学与科学技术管理, 2010, 31 (10): 14-20.

[141] 赵冬冬, 曾杰, 朱益明. 智能时代教育共同体建设重构教育生态研究

[J]．中国电化教育，2023（9）：41-49．

[142] 赵静，黄云中．校企合作模式与机制探析[J]．职业，2012（8）：117-118．

[143] 钟秉林．高等学校内涵式发展的重要机遇[J]．中国高等教育，2023（1）：1．

[144] 周建松．基于可持续发展的高职院校基层教学组织建设[J]．现代教育管理，2013（11）：76-79．

[145] 卓雪冬．产教融合背景下高校人才培养模式分析——评《应用型本科高校产教融合发展模式及其实现的保障机制》[J]．中国教育学刊，2023（7）：132．

[146] 朱旭东．推进师范教育改革创新：制度、体系、体制和机制[J]．中国高教研究，2023（2）：7-15．

[147] 庄腾腾，洪化清．新一轮产业革命背景下新加坡高等教育产教融合的国际化[J]．浙江大学学报（人文社会科学版），2023，53（9）：18-28．

[148] 邹君．高职院校校企合作模式内涵及评价指标体系构建[J]．现代教育管理，2014（6）：104．

[149] 战德臣，聂兰顺，唐德凯，等．虚拟教研室：协同教研新形态[J]．现代教育技术，2022，32（3）：23-31．

[150] 祖强，马贺，乔宏志．协同学理论视角下虚拟教研室建设研究[J]．中国大学教学，2022（5）：51-55，74．

[151] 蔡德章．基于成员合作的高校创新团队组织有效性研究[D]．哈尔滨：哈尔滨工业大学，2008．

[152] 陈振斌．城市产教融合影响因素与评价体系研究[D]．北京：中国矿业大学，2022．

[153] 范惠明．高校教师参与产学合作的机理研究[D]．杭州：浙江大学公共，2014．

[154] 高擎．高校科技创新效率评价及影响因素研究[D]．北京：北京科技大学，2021．

[155] 官远发．美国大学与社区合作伙伴关系研究及启示[D]．上海：同济大学，2007．

[156] 侯伯军．大学—产业合作及其对产业创新绩效的影响研究[D]．合肥：中国科学技术大学，2019．

[157] 黄淑芳. 基于跨学科合作的团队异质性与高校原始性创新绩效的关系研究 [D]. 杭州：浙江大学，2016.

[158] 贾伟. 基于产业集群的特色型大学产学研合作机制研究 [D]. 北京：北京邮电大学，2016.

[159] 康鹏. 辽宁省大学—产业合作创新的耦合性研究 [D]. 大连：辽宁大学，2014.

[160] 连晓庆. 制度视角下大学科研人员产学合作模式选择研究 [D]. 天津：天津大学，2016.

[161] 论玉玲. 区域性教师学习共同体及其虚拟教研平台构建研究 [D]. 上海：华东师范大学，2008.

[162] 梁琛琛. 三角协调理论视角下的中国大学本科专业建设影响因素研究 [D]. 南京：南京农业大学，2020.

[163] 马卫华. 产学研合作对高校学术团队核心能力作用机理研究 [D]. 广州：华南理工大学，2011.

[164] 孙云志. 多元共治视域下我国高职院校产教融合发展研究 [D]. 南京：南京师范大学，2021.

[165] 邱必震. 高校协同创新中心主体间合作机制研究 [D]. 西安：西安建筑科技大学，2020.

[166] 王丽梅. 高校间协同创新网络形成机理与合作模式研究 [D]. 北京：北京工业大学，2018.

[167] 王燕华. 大学科研合作制度及其效应研究 [D]. 武汉：华中科技大学，2011.

[168] 武艳君. 行业特色型大学协同创新合作伙伴选择影响因素及评价研究 [D]. 哈尔滨：哈尔滨工程大学，2015.

[169] 武云斐. 合作 共生 共赢 [D]. 上海：华东师范大学，2012.

[170] 肖会平. 基督教高等教育合作组织在华活动研究 [D]. 武汉：华中师范大学，2008.

[171] 徐明波. 地方本科院校转型中的组织变革研究 [D]. 上海：华东师范大学，2022.

[172] 徐向东. 大学附中培养创新人才的研究 [D]. 上海：华东师范大学，2016.

[173] 游小珺. 多维邻近视角下美国高校科研合作的空间演化与动力机制研

究［D］．上海：华东师范大学，2018．

[174] 杨青．人文社科博士生延期毕业及影响因素研究［D］．上海：华东师范大学，2022．

[175] 张奔．校企合作对中国高校科研绩效的影响研究［D］．哈尔滨：哈尔滨工业大学，2018．

[176] 张豪．大学—产业合作组织协同创新研究［D］．哈尔滨：哈尔滨工业大学，2016．

[177] 张晓莉．美国教师教育中大学与中小学合作的体制与机制研究［D］．长春：东北师范大学，2013．

[178] 赵冬茜．大学"基础日语"课堂的合作学习研究［D］．北京：北京外国语大学，2017．

[179] 曾健坤．中外合作办学大学本科课程研究——基于几所大学的案例分析［D］．长沙：湖南师范大学，2016．

[180] 付奇，赵磊．信创产教融合，"基底"究竟怎样打？［N］．新华日报，2023-08-21（009）．

[181] 吴丹，闫伊乔．多方合力培养高技能人才［N］．人民日报，2023-08-17（002）．

[182] 李丹．打造行业产教融合共同体［N］．经济日报，2023-08-01（002）．

[183] 晋浩天．如何做到"学科跟着产业走、专业围着需求转"［N］．光明日报，2023-08-01（014）．

[184] 杨占苍．调整本科办学定位 培养应用型人才［N］．中国教育报，2011-07-11（005）．

[185] 打造中国应用型人才的培养高地［N］．中国教育报，2009-12-09（006）．

[186] 着力打造高水平应用型人才培养平台［N］．中国教育报，2010-06-04（004）．

[187] 杨国庆．创新新型基层教学组织 推动教师教学学术发展［N］．中国社会科学报，2022-03-25（008）．

[188] 任素梅．我省探索高校基层教学组织建设新路径［N］．江苏教育报，2022-01-12（001）．

[189] 韩映雄．以制度创新推动地方高校转型发展［N］．中国教育报，2015-12-14．

[190] Kolak, D. Lovers of Wisdom: An Introduction to Philosophy with Integrated Readings [M]. Beijing: Peking University Press, 2002: 46.

[191] Tjosvold D. Team organization: an enduring competitive advantage [M]. Chichester: Wiley, 1991.

[192] Sherwood A L, Butts S B, Kacar S. Partnering for knowledge: A learning framework for university—industry collaboration [J]. Midwest Academy of Management, Annual Meeting, 2004: 1-17.

[193] Wenger E. Communities of practice: Learning, meaning, and identity [M]. Cambridge: Cambridge university press, 1999.

[194] Westphal J D, Gulati R, Shortell S M. Customization or conformity? An institutional and network perspective on the content and consequences of TQM adoption [J]. Administrative science quarterly, 1997: 366-394.

[195] Kisker C B, Cohen A M, Brawer F B. The American community college [M]. Hoboken: John Wiley and Sons, 2023.

[196] Campoy, Renee W. A professional development school partnership: conflict and collaboration [M]. Boston: Greenwood Publishing Group, Inc, 2000.

[197] Carole G Basile. Intellectual capital: the intangible assets of professional development schools [M]. New York: State University of New York Press, 2009.

[198] Neapolitan, Jane E. Where do we go from here?: issues in the sustainability of professional development school partnership [M]. New York: Peter Lang, 2006.

[199] Nancy E Hoffman, W Michael Reed, Gwendolyn S Rosenbluth. Lessons from restructuring experiences: stories of change in professional development schools [M]. New York: State University of New York Press, 1997.

[200] Guadarrama, Irma N. University and school connections : research studies in professional development schools [M]. Greenwich, CT: Information Age. 2008.

[201] Janice L Nath, Irma N Guadarrama, John Ramsy. Investigating University-School Partnerships [M]. North Carolina: Information Age Publishing, 2011.

[202] K A Sirotnik, J I Goodlad. School-University Partnerships in Action: Concepts, Cases, and Concerns [M]. New York: Teacher College Press, 1988.

[203] Marianne G Handler, Ruth Ravid. The many faces of school-university collaboration: characteristics of successful partnerships [M]. Englewood: Teacher Ideas Press, 2001.

[204] Arza V Channels, benefits and risks of public—private interactions for knowledge transfer: conceptual framework inspired by Latin America [J]. Science and Public Policy, 2010, 37 (7): 473-484.

[205] Bloedon R V, Stokes D R. Making university/industry collaborative research succeed [J]. Research-Technology Management, 1994, 37 (2): 44-48.

[206] Coser L A. Social conflict and the theory of social change [J]. The British journal of sociology, 1957, 8 (3): 197-207.

[207] Dietz J S, Bozeman B. Academic careers, patents, and productivity: industry experience as scientific and technical human capital [J]. Research policy, 2005, 34 (3): 349-367.

[208] DiMaggio, Paul J, Powell, et al. The Iron Cage Revisited: Institutional Isomor-phism and Collective Rationality in Organizational Fields [J]. American Sociological Review, 1983, 48 (2): 147-160.

[209] Forrester J W. A new corporate design [J]. Industrial Management Review, 1965, 7 (1): 5.

[210] Franco M, Haase H. University-industry cooperation: Researchers' motivations and interaction channels [J]. Journal of Engineering and technology Management, 2015, 36: 41-51.

[211] Salancik G R, Pfeffer J. The bases and use of power in organizational decision making: The case of a university [J]. Administrative science quarterly, 1974, 19 (4): 453-73.

[212] Haberman M. Twenty-three reasons universities can't educate teachers [J]. Journal of Teacher Education, 1971, 22 (2): 133-140.

[213] Allen J M, Howells K, Radford R. A' Partnership in Teaching Excellence': ways in which one school-university partnership has fostered teacher development [J]. Asia-Pacific Journal of Teacher Education, 2013, 41 (1): 99-110.

[214] Bruneel J, d' Este P, Salter A. Investigating the factors that diminish the barriers to university-industry collaboration [J]. Research policy,

2010, 39 (7): 858-868.

[215] Maynard T. The student teacher and the school community of practice: A consideration of 'learning as participation' [J]. Cambridge Journal of education, 2001, 31 (1): 39-52.

[216] Meyer J W, Rowan B. Institutionalized organizations: Formal structure as myth and ceremony [J]. American journal of sociology, 1977, 83 (2): 340-363.

[217] Meyer-Krahmer F, Schmoch U. Science-based technologies: university-industry interactions in four fields [J]. Research policy, 1998, 27 (8): 835-851.

[218] Santoro M D, Gopalakrishnan S. The institutionalization of knowledge transfer activities within industry-university collaborative ventures [J]. Journal of engineering and technology management, 2000, 17 (3-4): 299-319.

[219] Nelson R R. The market economy, and the scientific commons [J]. Research policy, 2004, 33 (3): 455-471.

[220] Owen-Smith J, Powell W W. To patent or not: Faculty decisions and institutional success at technology transfer [J]. The Journal of Technology Transfer, 2001, 26 (1-2): 99-114.

[221] Perkmann M, Neely A, Walsh K. How should firms evaluate success in university-industry alliances? A performance measurement system [J]. R&D Management, 2011, 41 (2): 202-216.

[222] Perkmann M, Walsh K. University-Industry Relations and Open Innovation: Towards a Research Agenda [J]. International Journal of Management Reviews, 2007, 9 (4): 259-280.

[223] Tolbert P S, Zucker L G. The institutionalization of institutional theory [J]. Studying organization Theory & method, 1999, 1: 169-184.

[224] Tolbert P S, Zucker L G. Institutional sources of change in the formal structure of organizations: The diffusion of civil service reform, 1880-1935 [J]. Administrative science quarterly, 1983, 28: 22-39.

[225] Lee Y S. The sustainability of university-industry research collaboration: An empirical assessment [J]. The journal of Technology transfer, 2000, 25

(2): 111-133.

[226] Young A C. Higher-order learning and thinking: What is it and how is it taught? [J]. Educational Technology, 1997, 37 (4): 38-41.

[227] Kruse S D. Department chair leadership: Exploring the role's demands and tensions [J]. Educational Management Administration and Leadership, 2022, 50 (5): 739-757.

[228] Eddy P L, Hao Y, Iverson E, et al. Fostering communities of practice among community college science faculty [J]. Community College Review, 2022, 50 (4): 391-414.

[229] Kunkle K. Partnering for a promise: Institutional logics and a community college district's response to a promise program partnership [J]. Community College Journal of Research and Practice, 2023, 47 (5): 329-444.

[230] Edwards J W. Department chair roles in the community college [D]. North Carolina State University, 2006.

[231] Samantha Scribner Bartholomew. A cultural analysis of teacher professional development in a school-university partnership [D]. University of California, 2006.

[232] Barbara Popovec Heath. An analysis of professional development mediated by a university-school partnership [D]. North Carolina State University, 2001.

[233] Rebecca A. Ware. An evaluation of a professional development school: the school teacher education partnership project [D]. Virginia Polytechnic Institute and State University, 2007.

[234] Jean F Eagle. Realizing shared potential through schooluniversity partnerships enhanced opportunities in the learning community [D]. Miami University, 2005.

[235] Roper D R. Community College Career Technical Education Department Chair Leadership: A Phenomenological Study [D]. University of La Verne, 2023.

[236] Baroody R. Higher Education Department Chair Perspectives on Leadership Effectiveness: a Qualitative Descriptive Study [D]. Florida Atlantic University, 2021.